DE SERVITUTIBUS.

(Digest., lib. VIII.)

DES SERVITUDES

ÉTABLIES PAR LA LOI.

(C. Nap., liv. II, tit. IV, chap. II.)

DE LA FORME DE PROCÉDER

DEVANT LES COURS IMPÉRIALES

EN MATIÈRE COMMERCIALE.

(C. de Com., liv. II, tit. IV.)

THÈSE

POUR L'ADMISSION AU GRADE DE LICENCIÉ EN DROIT

PAR

CHARLES HENRI OLIVIER HALLEZ D'ARROS.

STRASBOURG

TYPOGRAPHIE DE G. SILBERMANN, PLACE SAINT-THOMAS, 3.

1863.

UNIVERSITÉ DE FRANCE.

ACADÉMIE DE STRASBOURG.

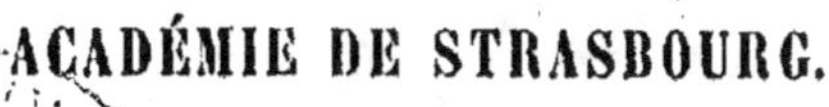

ACTE PUBLIC

POUR LA LICENCE

PRÉSENTÉ

A LA FACULTÉ DE DROIT DE STRASBOURG,

ET SOUTENU

LE LUNDI 30 MARS 1863, A MIDI,

PAR

CHARLES HENRI OLIVIER HALLEZ D'ARROS,

DE BAR-LE-DUC (MEUSE).

STRASBOURG,
TYPOGRAPHIE DE G. SILBERMANN, PLACE SAINT-THOMAS, 3.
1863.

A MON PÈRE.

A MA MÈRE.

A MON ANCIEN PRÉCEPTEUR

L'ABBÉ F. X. TURRILLOT.

Témoignage de respect, de tendresse et de gratitude.

FACULTÉ DE DROIT DE STRASBOURG.

MM. Aubry O . . . . . . doyen et prof. de Code Napoléon.
Hepp ❀ . . . . professeur de Droit des gens.
Heimburger . . . . . . professeur de Droit romain.
Thieriet ❀ . . . . . professeur de Droit commercial.
Rau ❀ . . . . professeur de Code Napoléon.
Lamache ❀ . . . . . professeur de Droit administratif.
Destrais . . . . professeur de procédure civile et de
                                   législation criminelle.
Mugnier . . . . professeur de Code Napoléon.
N. . . . . professeur de Droit romain.

M. Lederlin, agrégé.

M. Bécourt, officier de l'Université, secrétaire, agent comptable.

Commission d'examen.

MM. Hepp, président de l'acte public.
Heimburger,
Thieriet,   } examinateurs.
Lederlin,

TABLE DES MATIÈRES.

JUS ROMANUM.

De servitutibus.

PARS SECUNDA.

PARS TERTIA.

PARS QUARTA.

DROIT CIVIL FRANÇAIS.

Des servitudes établies par la loi.

PREMIÈRE PARTIE.

SECONDE PARTIE.

DROIT COMMERCIAL.

De la forme de procéder devant les Cours impériales.

JUS ROMANUM.

De servitutibus.

PROŒMIUM.

DEFINITIO. — Servitus est jus in re alienâ, præter naturam constitutum, quò dominus in re suâ aliquid pati vel non facere cogitur, ad alterius rei utilitatem.

Servitus est jus, quò videtur incorporale (*Dig.*, lib. VIII, tit. I, *De servit.*, 14; Paul. *ad Sab.*).

Jus in re : nonnisi enim rebus corporalibus imponi possunt servitutes (Ibid., tit IV, *Commun. præd.*, 12; Paul. *ad Sab.*).

In re alienâ, quia res sua nemini servit (Ibid., tit. II, *De serv. urb.*, 26; Paul. *ad Sab.*).

Præter naturam : plena in re suâ potestas habere naturali jure videtur dominus, quippe cujus, præter naturam, tanquam temperamentum censetur omnis servitus.

Aliquid pati vel non facere; servitutum enim non est natura ut aliquid faciat quis, sed ut patiatur aut non faciat (Ibid., tit. I, 15, § 1º; Pomp., lib. 33, *ad Sab.*).

Ad alterius rei utilitatem, indè non ad alterius personæ utilitatem. Nam alia sunt genera servitutum quæ, ut usus et usufructus, *personarum* dicuntur, id est quæ personis debentur (Ibid., 1, Marc., lib. 3, *Regul.*).

II.   1

Quibuscum ne permisceantur quæ rebus aut prædiis debentur, *prædiorum* appellantur seu *prædiales servitutes*, quoniam sine prædiis constitui non possunt (Just., *Inst.*, lib. II, tit. 3, 3).

Divisio. — Quia nullum fieri potest jus nisi quasdam inter personas exerceatur, quamdamque propter materiem, propterea quidem in servitutibus opportunum mihi videtur invicem dicere et quis istud jus exerceat, et quis patiatur, necnon propter quid sit jus.

Inde deducatur positionum de quibus agere debemus summa hæc quatruplex divisio :

1° De natura juris servitutum;

2° De eo cui prosit servitus;

3° De eo adversus quem jus habeatur;

4° De objecto juris, seu materie propter quam jus sit.

PARS PRIMA.

De natura juris servitutum.

Hic opportunum : 1° substantiam definire servitutum juris; 2° et quibus modis constituantur; denique, 3° quemadmodum amittantur.

CAPUT PRIMUM.

DE JURIS SUBSTANTIA SERVITUTUM.

Triplices ex substantiâ videntur servitutes : in re enim istud jus est, incorporale, et individuum.

Jus in re. Servitutum omnium ea natura est ut nonnisi rebus corporalibus imponi possint: hinc servitus servitutis esse non potest (*Dig.*, XXXIII, 2, *De usu et usufr.*, 1; Paul, lib. 3, *ad Sab.*; VII, 3, *De serv. præd. rust.*, 33; Afric., lib. 9, *Quæst.* in fine).

Ideo autem hæ servitutes prædiorum appellantur quoniam sine prædiis constitui non possunt, quorum alio ab alio debeantur (*Dig.*, VIII, 4, *De comm. præd.* 1, § 1, Ulp.).

Quo debeatur servitus, *serviente* dicitur prædium; a quo debeatur, *dominante*.

Jus incorporale. Servitutum omnium ea natura est ut incorporales sint.

Ad omnes igitur servitutes porrige quod ait Paulus: «Servitutes prædiorum rusticorum, etiamsi corporibus accedunt, incorporales tamen unt» (*Dig.*, lib. VIII, tit. I, 14).

Corrollaria. 1° Non possunt servitutes possideri; nemo enim tam perpetuo, tam continenter ire potest, ut nullo momento possessio ejus interpellari videatur (Ibid.).

2° Et ideo usu non capiuntur (*Dig.* XLI., *De usurp. et usuc.* 4, Paul, lib. 54, *ad Edict.*).

Jus individuum. Denique ex substantiâ servitutum prædialium est, ut sint individuæ.

Corrollaria. 1° «Præ parte neque legari, neque adimi via potest; et si id factum est, neque legatum, neque ademptio valet.» (*De serv.* 11, in fine, Modest.)

Similiter Pomponius: «Viæ, itineris, actus, aquæductus pars in obligationem deduci non potest: quia usus eorum indivisus est.»

2° «Et ideo si stipulator decesserit, pluribus heredibus relictis, singuli solidam viam petunt. Et si pro-

missor decesserit, pluribus relictis, a singulis heredibus
solida petitio est (Ibid. 17, lib. sing. *Regul.*, Pomp.).

3° Hinc etiam sequitur quod parti indivisæ fundi
servitus acquiri aut imponi non possit.

Igitur « si quis partem ædium tradet vel partem
fundi, non potest servitutem imponere; quia per partes
servitus imponi non potest, sed nec acquiri.» (Ibid. 6,
§ 1, *Comm. præd.*; Ulp. lib. 28, *ad Salb.*)

Parti autem divisæ recte constitui aut imponi potest.
De parte ergo divisa intellige quod « ad certam partem
fundi servitus tam remitti quam constitui potest.» (Ibid.
De serv., 6, Paul. *ad Edict.*)

CAPUT SECUNDUM.

DE CONSTITUTIONE ET ACQUISITIONE SERVITUTUM PRÆDIALIUM.

Pluribus modis constituuntur servitutes seu privatorum arbitrio seu non arbitrio.

§ 1. *Quomodo privatorum arbitrio constituuntur servitutes.*

Id est emptione-venditione, pactionibus atque stipulationibus et testamento.

1° *Emptione-venditione.* Acquiruntur isto modo servitutes: si quis duas ædes habeat, et alteras tradat; potest legem traditioni dicere: ut vel istæ quæ non traduntur, servæ sint his quæ traduntur; vel contra, ut
traditæ retentio ædibus serviant (*Comm. præd.*, 6, Ulp.,
lib. 28, *ad Sab.*).

Similiter Gaius: « Duorum prædiorum dominus si
alterum eâ lege tibi dederit ut id prædium, quod datur,

serviat ei quod ipse retinet, vel contra, jure imposita servitus intelligitur (Ibid. 3, Gaius *ad Ed. prov.*, lib. 7).

Et qui duas areas habet alteram tradendo, servam alteri efficere potest (*De serv. urb. præd.*, 34, Julian., lib. 2, *Minic.*). Scilicet in ipso traditionis actu.

2° *Pactionibus atque stipulationibus* eò constituuntur servitutes, quò obligationes funduntur (Théoph. *Paraph.*). Hunc igitur effectum tantum habent ut servitus debeatur, sed non ut constituatur. Nec enim potius distractionem juris conficere, quam ipsum jus proprietatis possunt privati pactionibus seu stipulationibus, quibus nihil aliud quam inter se adstringant ad aliquid faciendum aut non faciendum. Indè incertum condicere possunt ut servitus imponatur (*De serv. præd. urb.*, 35 Marc., *Regul.*, lib. 3).

Traditio planè et patientia servitutum inducet officium prætoris (*De serv. rust.*, 1, Ulp., *Inst.*, lib. 2).

3° *Testamento* potest etiam heredem suum quis donnare ut aliquam patiatur servitutem (*De Comm. præd.*, 16, Gaius, *Rev. cottid.*, lib. 2,). Vice versa potest quis testamento efficere ut suo servitus debeatur ab illo quod legaverit (*Dig.*, lib. VII. *De usuf. et quemad.*, 19, Pomp., lib. 5, *ad Sab.*).

Quum dies legati cedit, jus in re servitutis acquiritur, legatorioque semper competit actio quâ servitutem vindicet.

§ 2. *Quomodo privatorum non arbitrio constituuntur servitutes.*

Istæ privatorum non arbitrio prædjis imponuntur servitutes seu *natura locum*, seu *longi temporis prescriptione*, seu *adjudicatione*, seu *lege*.

1° *Natura.* Quædam natura loci constituuntur servitutes quæ inferiore fundo superiori debentur ut naturaliter decurrentem excipiat aquam. Semper enim hanc esse servitutem inferiorem prædiorum, ut naturâ profluentem aquam excipiant (*Dig.*, lib. XXXIX, *De aquâ et aquæ pluv. arcendæ*, 1; Ulp., lib. 53, *ad Ed.*, §§ 22 et 23).

Aliæ natura mihi videntur constitutæ quæcunque ex diuturno usu acquiri possunt, nam vetustas pro lege haberi, minuendarum scilicet litium causâ, ait Labea (Ibid. 2; Paul., lib. 49, *ad Ed.*).

2° *Longi temporis prescriptione.* Quoniam enim, ut antea diximus, incorporales sunt servitutes, non possunt possideri : et ideo non usu capiuntur. Quia tales sunt servitutes ut non habeant certam continuamque possessionem (*Dig.*, lib. VII, *De serv.*, 14; Paul., lib. 15, *ad Sab.*). Sic etiam apud veteres antiquam refertur legem Scriboniam statuisse (*Dig.*, lib. XLI, 3, *De usurp. et usuc.*, 4; Paul., lib. 54, *ad Ed.*, § 29).

Nonnullique postea jurisperiti usucapionem ne recipere unquam servitutes confirmârunt (*Dig.*, lib. XLI, 1, *De acq. rer. dom.*, 43 ; Gaius, *ad Ed. prov.*, § 1-3, 10; Ulp., lib. 16, *ad Ed.*, § 1). In eo tempore naturâ seu jure loci constitutæ habebantur servitutes, quarum origo memoriam excessisset (*Dig.*, lib. XLIII, tit. 20, *De aq. cot. et æst.*, 3; Pomp., lib. 34, *ad Sab.*, § 4). Hic adfuerunt prætores et præsides qui nonnunquam actiones utiles seu interdicta concesserunt ut retinentur eorum jura, qui longi temporis consuetudine servitutes haberent (*Dig.*, lib. VIII, 1, *De serv.*, 14; Paul., lib. 15, *ad Sab.* ; XLI, 1, *De acq. rer. dom.*, 43 ; Gaius, lib. 7, *ad Ed. prov.*, § 1 ; Ibid., 3, *De usurp. et usuc.*, 10 ; Ulp., lib. 16, *ad Ed.*, § 1).

Similiter Scævola respondit, solere eos qui juri dicendo præsunt tueri ductus aquæ quibus auctoritatem vetustas daret, tametsi jus non probaretur (*Dig.*, lib. XXXIX, 3, *De aq. fluv. arc.*, 26). Hoc maxime locum habet in servitutibus quæ in superficie consistunt. Etenim istas possessione retineri ait Paulus (*Dig.*, lib. VIII, 2, *De serv. rust. præd.*, 20).

Servitutes usu diuturno usu constitui rescribit etiam Antonius : « Is, inquit, qui judex eris, longi temporis consuetudinem, vicem servitutis obtinere sciet : modo si is, qui pulsatur, nec vi, nec clam, nec præcario possidet » (*Cod.*, lib. III, 34, *De servit. et aq.*, 1).

His verbis jam deducuntur possessionis ad usucapionem qualitates, quâ per quot annos uti deceat, utrum Justinianus statuerit, an antecessores controversum est (*Cod. Just.*, lib. III, 34, 2; lib. VII, 33, *De præsc. longi temp. dec.*, 12, in fine).

3° *Adjudicatione*. Sic judex, cum fundos adjudicat, servitutem imponere potest, ut alium alii servum faciat ex his quod adjudicat (*Dig.*, lib. X, 2, 22, § 3). Item in communi dividundo finiumque regundorum in actionibus arbitrer, si regionibus fundum non vectigalem divisum duobus adjudicaverit, in duobus fundis quasi servitutem imponere potest (Ibid., tit. 3, 7, § 1).

Viæ etiam servitutem adjudicare potest judex, quæ ad ingressum prædii est necessaria (*Cod.*, lib. XII, *De relig. et sumpt. funer.*, et lib. XIV, *Quem. amitt. serv.*, § 1).

Hic animadvertendum est adjudicationem ejus in re transferre, et servitutes citra ullam traditionem constitui.

4° *Lege*. In omnibus rebus quas mutare solent privati, legem ad lites vitandas interponi jus est. Itaque prædiorum servitudes plures constituerunt leges.

Quarum nonnullæ constitutæ fuerunt servitutes propter ex superiori fundo ad inferiorem naturâ defluentem aquam. Ulpianum enim accipere : « Si cui aqua pluvia damnum dabit, actione aquæ pluviæ arcendæ avertetur aquâ. » Scribit quoque Veratius : «Opus, quod quis fecit ut aquam excluderet; quæ exundante palude in agrum ejus refluere solet, si ea palus aqua pluvia ampliatur, eaque aqua repulsa eo opere agris vicini noceat, aquæ pluviæ actione cogetur tollere » (*Dig.*, lib. XXXIX, tit. 3, *De aquâ et aq. pluv. arc.*, 1, pro § 2, 18, 22 et 23; Ulp., lib. 53, *ad Ed.*).

Sciendum est in actione finium regundorum illud observandum esse quod ad exemplum quómodo ejus legis scriptum est, quam Athenis Solon dicitur tulisse : nam illic ista est: «*Ἐάν τις αἱμασίαν παρ, ἀλλοτρίῳ χωρίῳ ὠγυρῇ, τον ὅρον μή παταβαίνειν.*» (*Dig.*, X, 1 *fin. regund* 13; *Gaius*, lib. 4, ad legem XII Tabul.).

Imperatores Antonius et Verus Augustus rescripserunt in area, quæ nulli servitutum debet, posse dominum vel alium voluntate ejus ædificare, intermisso legitimo spatio a vicino insula (*Dig.*, VIII, *De serv. urb. præd.* 14; Pap. Just., lib. I, *De Const.*).

Quædam impositæ fuerunt etiam servitutes ædilitatis causâ. Duodecim enim cæterum pedes opportet relinqui ab eo qui ædificaturus est, inter propriam et vicini domum, incipientes a superposita fundamentis ædificii parte eademque observatione perseverante ad summum usque altutidinis culmen (*Cod.*, lib. VIII, t. 10, *De æd. priv.*, 8, 10, 12, 2).

Qui etiam proprias renovare cupiunt domos, nec

veterem excedere formam, nec lumen vel prospectum
auferre, nec ultra centum pedes vicino maris prospectum
eripere vel minuere possunt (*Cod.* ibid, 1, 2, in fine).

Quicumque etiam vicinum suum vitare potest, ædificium extollere debet juxta aream suam, quippe quod
idoneum ventum et sufficientum ad palearum reductionem infringit et inutilem domino aream, fructuumque inutilitatem facit (*Cod.*, lib. III, 34, *De serv. et aq*,
lib. 14, § 1).

Hæc lege imposita propter civium salubritatem servitus, hominem mortuum, inquit Lex XII Tabularum, in
urbe ne sepelito, neque urito. Duæ sunt præterea leges
de sepulchris quorum altera privatorum ædificiis, altera ipsis sepulchris cavet. Nam quod « rogum bustumve novem » vetat « proprius sexagenta pedes adjici
ædes alienas, invito domino, » servitutes quidem statuit (Cic. *De Legibus*, lib. II).

Hic tandem nostra interest ultimam notare lege
constitutam servitutem in Lege unica, quâ prætor ait:
« Glandem quæ ex illius agro in tuum cadat, quominus
illi tertio quoque die legere auferre liceat : vim fieri
veto. » Glandis nomine omnes fructus continentur (*Dig.*
XLIII, 28, *De glande legenda;* Ulp., lib. 71, *ad Ed.*).

CAPUT TERTIUM.

QUEMADMODUM SERVITUTES AMITTUNTUR.

Quinque modos prædiorum servitutum amittendarum esse dicimus, scilicet: confusionem, resolutioem
juris ejus qui illas constituit, remissionem, non usum,
interitum alterutrius prædii.

1° *Confusione.* Servitutes prædiorum confunduntur,

si idem utriusque prædii dominus esse cœperit (*Dig.*, VIII, 6, *Quemad. serv. amitt.* 1; Gaius, *ad. Ed. prov.* 7).

Non reviviscunt autem quamvis postea desierit esse dominus (Paul., 30, *De serv. urb. præd.*).

At si partem prædii nactus sim, quod mihi, aut cui ego serviam, non confundi servitutem placet: quia pro parte servitus retinetur (Ibid., § 1).

2° *Resolutione juris constituentis.* Extinguitur servitus si jus ejus qui illam prædio imposuit resolutum fuerit, ex causa antiqua et necessaria.

Hinc heres, quum legatus esset fundus sub conditione, imposuit ei servitus: extinguentur, si legati conditio existat (*Dig.*, VIII, 6, 11, Marcel.).

3° *Remissione.* Amittuntur prædiales servitutes, si dominus prædii cui delebantur jus suum remiserit. Remississe autem videtur, si, eo concedente, factum sit aliquid quô usus servitutis tollatur (Ibid. 8, Paul., lib. 15, *ad Plaut.*).

4° *Non usu.* Hac in re discrimen est inter servitutes urbanas et rusticas.

Rusticæ non utendo extinguntur jure ipso (*Cod.*, lib. III, 34; *De serv.*, 13; Imp. Just. A. Joan). Hoc contingit quum nemo fundi dominantis nomine usus est.

Urbanæ autem non pereunt nisi, dum fundi dominantis possessor jure non utitur, fundi servitutis dominus suarum simul ædium libertatem usucapiat (*Dig.*, lib. VIII, 2; *De serv. præd. urb.*, 6, Gaius).

At vero illad per tot interpellatur jus servitutis urbanæ, quod quis in meis ædibus habet, debet esse quid continuum (Ibid., 7; Pomp., lib. XXVI, *ad Q. Muc.*).

Quale autem tempus per quod non utendo servitus amitteretnr, quod docet Paulus bienno (*Sent.*, lib. I, tit. 17, § 1). Justinianus constituit ut foret decenni inter presentes, et vicenni inter absentes (*Cod.*, lib. III, 34, 13).

5° *Interitu alterutrius prædii.* Quum servitutes prædiales sine prædiis esse non possint, et his cohæreant, sequitur alterutrius prædii interitu extingui servitutem.

Quod si ædes quibus debebatur servitus sublatæ quidem sint, sed aliæ in locum earum extructæ, stricto jure extinguentur servitutes; tamen ex æquitate sustinetur (*Dig.*, lib. VIII, 2, 20, § 2, 4 et 5; Paul., lib. 25 *ad Sab.* 11, lib. I *de off. cons.* — *De serv. præd.* 13; Javol., lib. X *ex Cassio*).

PARS SECUNDA.

De eo cui prosit servitutis jus.

Ut istius qualitates et officium qui servitutem imponere potest, et usurpare, et vindicare, noveris, quomodo habeatnr erga fundos, tam dominantem quam servientem, necnon hujus consuetudines cum eo qui jus patitur, inspicere debes.

CAPUT PRIMUM.

DE CUJUS QUALITATE ERGA FUNDUM DOMINANTEM.

Soli domino prædii constitui potest servitus, quia nemo acquirere alienis ædibus servitutem potest (*Dig.*, lib. VIII, 4, *De comm. præd.*, 6; Ulp., lib. 28, *ad Ed.*).

Quum plures sunt domini, non nisi omnibus constitui servitus potest. Igitur ex dominis communium ædium servitutem accipere non potest (Ibid., 2; Ulp., lib. 17, *ad Ed.*).

Non solum per semetipsum, sed et per eos quos in sua potestate habet, acquirere quis prædio suo servitutem potest (*Dig.*, lib. 8, 1, *De serv.*, 12, Javol.).

Et generaliter usu retinetur servitus, quum ipse cui debetur utitur, quive in possessione ejus est, aut mercenarius, aut hospes, aut medicus [1], quive ad visitandum dominum venit, vel colonus, aut fructuarius, denique quicumque quasi debitâ servitute usus fuerit (*Dig.*, lib. VIII, 6, *quemad. serv. amitt.*, 20 et 22; Scæv., *Regul.*, lib. 1).

Licet malæ fidei possessor sit, retinebitur servitus (Ibid., 24; Scævol., id.).

Non retinebitur autem servitus per usum ejus qui alterius fundi nomine utitur (Ibid., 16; Proculus, lib. 1, *Epist.*).

CAPUT SECUNDUM.

DE CUJUS QUALITATE ERGA FUNDUM SERVIENTEM.

Jus servitutis prædialis vel hoc continet ne quid fiat in fundo serviente invito domino fundi cui servitus, vel etiam ut is cui constituta est servitus facere possit in fundo serviente, quod lege servitutis concessum est ut facere liceret.

Ad usum autem duntaxat prædii cui servitus constituta est, facere potest (*Dig.* VIII, *De serv. præd. rust.*, 24; Pomp., lib. 33, *ad Sab.*; 29 Paul., lib. 2, *Epitom.*;

[1] Gothofredus recti censet legendum *amicus*, ut in lege XLI ff., lib. 43, tit. 19, *De itinere act. priv.*

Alf., *Dig.* — 5, § 1; Ulp. lib. 17, *ad Ed.* — 6 Paul.,
lib. 15, *ad Plaut.*).

Jus servitutis prædialis porrigitur etiam ad omnia
adminicula sine quibus id fieri non potest quod, ut
facere liceret, jure servitutis concessum est (*Dig.* VIII,
De serv. præd. rust., 3, § 3; Ulp., lib. 17, *ad Ed.* —
10 Celsus, lib. 18; *Dig.* — *De serv. urb. præd.* 20, §1;
Paul., lib. 15, *ad Sab.*).

Sua quoque habet onera jus servitutis prædialis:
nimirum ut is cujus prædio debetur, hoc quod manu-
facto opere damnum prædio servienti dedit, sarcire te-
neatur (*Dig.* VIII, 18, *De serv. urb. præd.*, Pomp., lib.
10, *ad Sab.*).

CAPUT TERTIUM.

DE CUJUS CONSUETUDINE CUM EO CUI CONSTITUA EST SERVITUS.

De servitutibus in rem actiones nobis competunt,
tam confessoria quam negatoria: confessoria ei qui servitus sibi competere contendit; negatoria, domino qui
negat (*Dig.* VIII, 5, *Si serv. vind.* 2; Ulp., lib. 17, *ad Ed.*).

Confessoria actio est, quâ quis prædio suo servitutem
deberi intendit. Si servitus consistat in eo ut quid liceat facere in alieno, hæc actio competit, quotiescum-
que impedimentum affertur quominus hoc fiat, etiamsi
expresse non fiat servitutis controversia.(Ibid., 4, §5;
Ulp., *ad Ed.*, lib. 17; 9 Paul., *ad Ed.*, lib. 21). Quod si
servitus consistat in eo, ne quid fiat in alieno, confessoria actio competit, si hoc factum fuerit (ibid., 17, § 1,
Alfen.; 4, § 8, Ulp.).

Actiones de servitutibus rusticis sive urbanis eorum

sunt quorum prædio sunt[1]; itaque hæc in rem actio
confessoria, nulli alii quam domino fundi competit
(ibid., 2, § 1, Ulp.). Quod si fundus cui servitus debetur
plurium sit, unicuique in solidum competit actio (ibid.,
4, § 3, Ulp.).

Directa quidem hæc actio soli domino fundi datur.
Verum ei qui pignori fundum aut vectigali accepit, non
est iniquum utilem petitionem servitutis dari, sicuti
ipsius fundi utilis petitio dabitur (*Dig.*, VIII, 1, *De serv.*,
Julian.).

Ita Ulpianus : «Sciendum tamen in his servitutibus
possessorem esse eum juris, et petitorem» (ibid.,
6, § 1).

Adversus dominum prædii servientis qui uti prohibet,
hæc actio competit. Sed et si duorum fundus sit qui
servit, adversus unumquemque poterit ita agi. Et, ut
Pomponius libro XLI scribit, quisque defendit, solidum debet restituere, quia divisionem hæc res non re-
cipit (Ibid., 4, § 4; Ulp., lib. 17, *ad Ed.*).

Hâc actione non ipsum corpus fundi servitutis, nec
locus quâ fundus servit, vindicatur; sed jus quod habet dominus prædii dominantis (Ibid., 4; Ulp., *ad Ed.*,
lib. 17). Interdum, ut actori caveatur interloquitur
(ibid., 7, Paul.)[2].

---

[1] Sepulchra autem nostri dominii non sunt. Atquin viam ad sepulchrum possumus vindicare (*Dig.*, lib. VIII, 5, 1).

[2] Est aliquid singulare quod observat Ulpianus in actione quæ de
servitute *oneris ferendi* competit, « ut et onera ferat, et ædificia re-
ficiat, ad eum modum qui servitute imposita comprehensus est.»
(*Dig.*, lib. VIII, 5, 6, § 2; 8, §§ 1 et 2; 6, §§ 5 et 7 etc.; Ulp., *ad
Edict.*, lib. 17).

PARS TERTIA.

De eo adversus quem jus habeatur.

Iste juris censetur subjectus, cujus in prædio constituta est servitus.

Si cujus noscere qualitates et jura velis, quomodo et erga fundos, et erga eum cui prosit jus, tibi vicissim inspiciendum est.

CAPUT PRIMUM.

DE CUJUS QUALITATE ERGA FUNDUM DOMINANTEM.

Nullæ videntur opportunæ qualitates.

CAPUT SECUNDUM.

DE CUJUS QUALITATE ERGA FUNDUM SERVIENTEM.

Quum jus servitutis prædialis hoc continet ne quid fiat in fundo serviente, invito domino fundi cui servitus debetur, quasi non plenam in se sua potestatem retinere censetur dominus. Itaque servitutem prædio imponere solus dominus potest; quia neque acquirere alienis ædibus, servitutem neque imponere potest (*Dig.*, lib. VIII, tit. 4, *De Comm. præd.*, 6, Ulp., lib. 28, *ad Ed.*).

Quum plures sunt domini, non nisi ab omnibus imponi servitus potest. Igitur unus ex dominis communium ædium servitutem imponere non potest (Ibid., 2; Ulp., lib. 17 *ad Ed.*).

Invitum autem in servitutibus accipere debemus, non eum solum qui contradicit, sed eum etiam qui non consentit (*Dig.* lib. VIII, *De serv. urb. præd.*, 5, Ulp.).

In componenda prædio servitutes, non solum ejus qui, quum imponantur, prædii hujus dominus est voluntas requiritur; sed et ejus ad quem dominum ex alicujus conditionis eventu perventurum est: ne alioquin conditione existente extinguatur servitus. Exemplum affert Paulus in libro XLIX ad Edictum (*Dig.*, lib. XXXIX, 3, *De aquâ et aq. pluv.*, 9.).

CAPUT TERTIUM.

DE CUJUS CONSUETUDINE ERGA FUNDI DOMINANTIS DOMINUM.

Ut eo cui prosit servitus confessoria, ita subjecta negatoria pertinet actio.

Negatoria actio est ea quâ quis libertatem fundi sui vindicat, negatque in eo servitutem deberi quam adversarius sibi arrogat.

Duobus autem casibus hoc contingit:

1° Quum quis me prohibet aliquid in meo prædio facere (Ulp., *Dig.*, lib. VIII, 5, *Si serv. vind. vel ad al. pert. neget.*, 4, § 5).

2° Quum quis sui fundi gratiâ, circa jus servitutis in meo fundo aliquid facit aut immittit (ibid. 13, Proc.; 17, § 2, Alf.).

Hæc actio etiam inter socios dari potest, ratione proprii fundi quem habet (ibid. 14, § 1, Pomp. — *Dig.*, lib. VIII, 2, *De serv. urb. præd.*, 27, Pomp.).

In hac actione venit ut in posterum caveatur (VIII, 5, Javol. — 4, § 2 Ulp.).

QUARTA PARS.

De juris objecto.

Nulla sit omnis servitus prædialis nisi: 1° vicina duo sint prædia quorum alterum alteri servitutem debeat; 2° alicui prædio sit utilitati cuidam; 3° perpetuas habeatur causas.

CAPUT PRIMUM.

DE PRÆDII SERVIENTIS QUALITATIBUS.

Quibus autem qualitatibus impressum sit prædium serviente, tibi sumendum est et ex *loco*, et ex *naturâ*, et ex *specie*.

§ 1. *De loco prœdii servientis.*

Vicina debent esse prædia quorum alterum alteri servitutum debet (Ulp. *Dig.*, lib. VIII, 3, *De servit. prœd. rust.*, 5, § 1). Hac tamen vicinitas strictius aut largius accipitur, pro diversarum servitutum natura (*Dig.*, lib. VIII, 3, *Si servit. vind.*, 4, § 8, Ulp.; 5, Paul.; *De serv. urb. prœd.*, 38 et 39 Paul.; *De serv. prœd. rust.*, Paul., 38; 7, § in fine. Paul.; *De serv. urb.*, . *œd.*, 1).

§ 2. *De natura prœdii servientis.*

Eis quidem rebus quæ sunt divini aut publici juris constitui aut imponi servitus non potest (*Dig.*, lib. VIII, *De comm. prœd.*, 4, Javol.). At favore religionis obtinuit ut servitus itineris ad sepulchrum et retineri et acquiri possit (ibid. 14, § 1, Paul.).

§3. *De specie prœdii.*

Servitutes prædiorum omnes in duo genera summa

deducuntur : *rusticorum* enim prædiorum sunt aut *urbanorum (Dig.* lib. VIII, 1, 1, Marc.).

Urbana prædia in hac materie servitutum, non loco, sed specie a rusticis secernimus, quum juris effectum spectamus.

Servitutes urbanorum prædiorum illæ sunt quæ in urbanis prædiis constituuntur. Et quidem ædificia, urbana quidem prædia appellamus. Cæterum etsi in villa ædificia sint, æque servitutes urbanorum prædiorum constitui possunt (*De comm. præd*, 1, Ulp.).

Servitutes prædiorum urbanorum plerasque enumerat Gaius. Urbanorum, inquit, prædiorum talia sunt jura :

1° Altius tollendi et officiendi luminibus vicini, aut non extollendi ;

2° Item stillicidii avertendi in tectum vel aream vicini, aut non avertendi ;

3° Item immitendi tigna in parietem vicini ;

4° Et denique projiciendi protegendive, cæteraque istis similia (*Dig.*, lib. VIII, *De serv. urb. præd.*, 2).

5° Oneris ferendi servitutem in dito, quæ etiam est ex numero urbanorum (ibid., 33, Paul.).

Servitutes rusticorum prædiorum sunt hæ :

1° Iter ;

2° Actus ;

3° Via ;

4° Aquæductus ; (*Dig.*, lib. VIII, 3, *De serv. præd rust.*, 1, Ulp.).

In rusticis computandæ sunt :

5° Aquæhaustus ;

6° Pecoris ad aquam adpulsus ;

7° Jus pascendi ;

8° Calcis coquendæ;

9° Arenæ fodiendæ (ibid., 1, §1, Ulp.).

10° Item ut lapides in alcino fundo cædere liceat, servitutem imponi potest;

11° Et navigandi quoque in lacu tuo servitus ut perveniatur ad fundum vicinum (ibid., 23, § 1, Paul).

Et aliæ nonnullæ.

CAPUT SECUNDUM.

DE SERVITUTIS UTILITATE.

Ex substantia servitutum omnium prædialium est, quod ejus rei quæ non alicujus prædii intersit, nulla possit esse servitus (*Dig.*, lib. VIII, 3, *De serv. præd. rust*, 15, Pomp.).

Cæterum valet servitus per quam vicinus aliquid in suo fundo habiturus est, quod alioquin non haberet, quamvis hoc quod habebit ipsi sit inutile: semper enim interest habere, et quod nobis nunc inutile est, forte poterit aliquando esse utile (ibid., 10, Labeo).

Cum ex substantia servitutem prædialium sit, ut prædio servitus debeatur; hinc concluditur servitutem constitui non posse, nisi quæ prædii *utilitatem* respiciat, seu *salubritatem*, aut *amœnitatem* (*Dig.*, lib. XLIII, *Deserv. urb.* 8, Paul; 7; *Dig.*, lib. VIII, 20, *De aq. cottid. et æst.* 3, Ulp.; Pomp., lib. 34., *ad Sab.*).

CAPUT TERTIUM.

DE SERVITUTIS CAUSA.

Omnes servitutes prædiales perpetuas habere causas debent.

Causa est id cujus gratia servitus constituitur, ut in servitute aquæductus, aqua.

Et ideò neque ex lacu, neque ex stagno concedi aquæductus potest (*Dig.* lib. VIII, *De serv. urb.* 28, Paul.). Igitur servitus aquæ ducendæ vel hauriendæ, nisi ex capite vel ex fonte constitui non potest. Hodiè tamen, ex rescripto Antonini, ex quocunque loco constitui solet (*Dig.*, lib. VIII, *De serv. præd. rust.* 9, Paul., lib. *Sent.*)

Hoc in aliis nonnullis servitutibus obtinet (*Dig.*, lib. VIII, *De serv. præd urb.* 28; Paul., lib. 15 et 29, *ad. Sab.*; Pomp., lib. 32, *ad* Q. Muc.).

DROIT CIVIL FRANÇAIS.

Des servitudes établies par la loi.

(Cod. Nap., liv. II, tit. IV, chap. II.)

PROLÉGOMÈNES.

« Alte vero, et, ut oportet, a capite, frater, repertis
« quod quærimus; et qui aliter jus civile tradunt non
« tam justiciæ, quam litigandi tradunt vias. »

(Cic., *De legibus*, lib. I.)

I.

Les institutions sociales ont toutes pour source des principes inhérents à l'humanité, principes dont l'enseignement naturel constitue la raison.

Ces notions élémentaires existent par le fait seul du rapprochement de l'homme avec la divinité, avec lui-même ou avec les autres hommes. Toutes les sciences humaines remontent infailliblement à ces notions comme à la limite qu'il n'est pas donné à nos conceptions de franchir. Au delà de cette limite, c'est Dieu [1] !

Dans l'ordre physique, les faits matériels, les phénomènes naturels sont engendrés par une série de forces, par un enchaînement de causes et d'effets successifs dont l'ensemble constitue les *lois de la nature.*

[1] « *Deorum mente atque ratione omnem mundum administrari et regi*..... » (Cic., *De natura deorum*, lib. I.)

Dan. l'ordre physique, une loi n'est autre chose qu'une nécessité d'action et d'inaction des corps les uns à l'égard des autres. Le propre de ces lois est d'être permanentes, invariables et inviolables.

Chez l'homme, à côté de l'activité physique soumise aux lois naturelles, et dont il n'est pas le maître, il y a le principe d'une autre activité dont il dispose, une force dont il se sent la liberté de jouir. Mais cette activité, elle est aussi soumise à des nécessités d'action et d'inaction, à une puissance métaphysique, qui indique à l'homme qu'il est des actes qu'il doit faire, d'autres dont il doit s'abstenir. Maître matériellement, il est asservi rationnellement. Ces nécessités sont les *lois morales*; l'ensemble de ces lois est la *raison*.

Ces lois morales sont internes ou externes, suivant que les moyens de contrainte qu'elles engendrent résident en nous ou hors de nous.

Les premières constituent les lois morales proprement dites, dans l'acception étroite du mot.

Pour les autres, au contraire, les moyens de contrainte sont placés non pas uniquement dans notre propre conscience, mais dans la volonté d'autrui. *Neminem lædere, suum cuique tribuere, honestè vivere*, voilà la source tripartite de ces sortes de nécessités d'action et d'inaction dont la réunion constitue le *droit*[1].

L'existence de ces lois est subordonnée au rapprochement des hommes, à la formation des sociétés, et

---

[1] D'où la définition du Droit donnée par M. Ortolan : « Une conception de la raison humaine déduite d'un rapport d'homme à homme, dans lequel l'un a la faculté d'exiger de l'autre une action ou une inaction. » (*Éléments de Droit pénal.*)

les institutions sociales ne sont que des conséquences matérielles de ces nécessités qui président aux rapports des hommes entre eux [1].

II.

Découvrons le berceau des nations et voyons d'abord l'homme avant la formation des sociétés.

L'homme seul est libre dans toute la plénitude du mot de liberté. L'exercice de ses droits absolus n'est entravé que par des impossibilités physiques; il est maître du monde que Dieu lui a livré, et des choses dont il use à son gré pour se nourrir, se vêtir et se défendre. C'est la propriété pleine, c'est la *propriété naturelle.*

Mais l'homme se reproduit, et bientôt les fruits naturels du sol ne sont plus suffisants pour la population qui augmente. Les hommes sentent la nécessité de travailler la terre pour en arracher les moyens de subsistance. Avec l'agriculture naît la propriété foncière. « Les productions spontanées de notre sol n'eussent pu suffire qu'à des hordes errantes de sauvages uniquement occupées à tout détruire pour fournir à leur consommation, et réduites à se dévorer entre elles après avoir tout détruit [2]. »

Chacun voulut jouir seul du terrain fécondé par ses soins et ses sueurs, et c'est pour s'assurer réciproquement cet avantage que les hommes se formèrent en

---

[1] C'est ainsi qu'on peut concevoir une transposition d'idées, lorsque Montesquieu a défini les lois des *rapports nécessaires.* « Il y a donc une raison primitive, dit-il plus loin, et les lois sont les rapports qui se trouvent entre elle et les différents êtres, et les rapports deces divers êtres entre eux » (*Esprit des lois*, liv. I).

[2] Portalis, *Exposé des motifs du titre de la propriété.*

société. Chacun dut aliéner une partie de sa liberté pour n'être pas gêné par la liberté absolue des autres, et la vraie liberté naquit du sacrifice de l'indépendance.

A côté des intérêts privés des autres hommes vint se placer un autre intérêt qui, lui aussi, nécessita un sacrifice partiel des droits du propriétaire : c'est l'intérêt de la société elle-même, réunion collective des intérêts de tous.

En permettant à chacun de ses membres la jouissance exclusive de la partie du sol qu'il cultivait, l'association fut dans la nécessité d'y apporter des restrictions imposées par la nécessité de vivre en société. La liberté fut limitée par les règles essentielles au maintien de l'ordre social.

C'est la liberté civile, et avec elle la *propriété civile*.

Ainsi, dès que le droit de propriété prit naissance, il ne put exister qu'avec les restrictions imposées par deux nécessités morales :

1° Nécessité d'aliéner une partie de sa liberté pour n'être pas gêné par la liberté absolue des autres ;

2° Nécessité pour les intérêts particuliers de céder devant l'intérêt général.

Ces lois engendrèrent des restrictions qui furent apportées au droit de propriété, les unes dans l'intérêt des hommes considérés individuellement, les autres dans l'intérêt de la société entière.

Ces restrictions sont des *servitudes*.

III.

Une *servitude* est, en général, une restriction apportée au droit de propriété.

Elle est *réelle* ou *personnelle*, suivant qu'elle est établie au profit d'une chose ou d'une personne.

La servitude personnelle peut exister sur les meubles comme sur les immeubles, et s'éteint avec la personne même qui en jouissait[1].

Les servitudes réelles ou prédiales, aussi appelées *services fonciers*, sont établies sur un immeuble pour l'usage et l'utilité d'un autre immeuble, indépendamment du changement des propriétaires. Ce sont ces dernières seules qui aujourd'hui sont désignées sous le nom générique de *servitudes*.

La servitude est une charge[2] au point de vue passif, un droit[3] au point de vue actif.

La nature a consacré la nécessité des servitudes par le fait seul de la disposition des lieux ; mais l'existence de ces servitudes était subordonnée à la sanction de la société qui possède les moyens de contrainte, et qui seule pouvait déterminer les différentes obligations que les besoins sociaux ou les devoirs respectifs d'un bon voisinage imposaient à chacun.

« Ces obligations, que la nature avait commandées, que l'intérêt public avait dictées, fournirent aux particuliers l'idée d'en contracter de semblables pour leur utilité respective. Ils ne tardèrent pas à en créer qui

---

[1] La législation actuelle a banni les expressions de servitudes personnelles qui lui paraissaient dangereuses. Quoique juridiquement exactes, elles auraient pu rappeler le souvenir des institutions féodales et blesser la susceptibilité des hommes peu éclairés qui, se méprenant sur leur sens véritable, y auraient peut-être vu l'assujettissement d'une personne envers une autre.

[2] *Servitutum enim non est natura ut aliquid faciat quis, sed ut patiatur aut non faciat* (Dig., lib. VIII, 15, § 1, *De servit.*).

[3] *Servitus est jus in re alienâ* (ibid., 14 et 15).

n'avaient d'autre objet que le simple agrément. C'est ainsi que la disposition des lieux, le besoin social et la liberté des conventions ont fait naître les services fonciers [1] ».

La jurisprudence, en effet, en se fondant sur cette triple origine, a reconnu trois sortes de servitudes (C. Nap., art. 639).

1° Servitudes dérivant de la situation des lieux ou *servitudes naturelles;*

2° Servitudes imposées par la loi ou *servitudes légales;*

3° Servitudes établies *par le fait de l'homme.*

IV.

Si nous remontons jusqu'à l'ordre des choses intellectuelles pour y chercher la source des choses de l'ordre matériel [2], nous demeurons convaincus que toutes les institutions humaines ne sont que des conséquences d'un certain nombre de nécessités que nous avons appelées *lois morales externes.*

Découvrir et préciser les nécessités immédiates, c'est-à-dire les lois les plus proches sous l'empire desquelles les institutions ont été formées, et diviser ainsi le Droit d'après ses origines morales, c'est établir, à proprement parler, une division rationnelle [3].

Revenons au sujet qui nous occupe et cherchons

[1] Pardessus, *Traité des servitudes*, n° 1; Cujas, *Observationum*, lib. XXII, cap. 37.

[2] C'est l'objet de cette science que Vico nomma la *science nouvelle*, et qu'on appelle aujourd'hui la *science rationnelle.*

[3] *Repetam stirpem juris a naturâ*, nous dit Cicéron.
(De Legibus, lib. I).

quels sont les principes de Droit dont émanent les servitudes.

Les unes sont des restrictions apportées à la propriété naturelle et justifiées par des nécessités indépendantes des volontés individuelles. Quelles que soient les causes de ces nécessités, elles impriment à la propriété des modalités d'existence indispensables dans les sociétés formées. Ce sont des restrictions à la liberté naturelle : elles forment le droit commun.

Les autres, atteintes ou entraves apportées à la propriété civile, c'est-à-dire à la seule propriété que puissent avoir les hommes réunis en société, n'existent que comme conséquences de la liberté de convenir ou de disposer de ce qui nous appartient; ce sont les servitudes que la jurisprudence dit « établies par le fait de l'homme. » Elles forment des exceptions au droit commun.

Ainsi, rationnellement, reconnaissons deux grandes classes de servitudes :

1° Les *servitudes de droit commun;*

2° Les *servitudes accidentelles* ou établies par le fait de l'homme.

Les premières sont appelées en jurisprudence servitudes *naturelles*, quand elles sont nécessitées par des causes physiques; *légales*, quand elles sont établies en considération de l'ordre social.

Quoi qu'il en soit de leurs causes, il est parmi les hommes une force qui reconnaît et consacre les unes, et établit les autres, en faisant naître pour toutes les mêmes moyens de contrainte indispensables au Droit, cette force, c'est la *loi*[1].

[1] Toullier, t. II, n°⁸ 484 et 485; Aubry et Rau, t. II, p. 39 et 43, Demante, t. II, 488; Demolombe, *Des servit.*, t. Iᵉʳ, n° 7.

V.

Quand les hommes sont réunis en société, du choc des intérêts de chacun naissent des droits et des devoirs qui ne sont que les conséquences de certaines nécessités, de certaines lois morales.

« Lex est ratio summa, insita in naturâ, quæ jubet « ea quæ facienda sunt, prohibetque contraria » (Cic., « *De legibus*, lib. I).

Nous avons aussi vu que ces lois, dont l'enseignement constitue le *Droit*, nécessitent des aliénations partielles et réciproques de notre liberté naturelle.

C'est afin de s'assurer respectivement ces aliénations que les hommes ont dû se réunir en société, et confier à certains agents le soin de veiller à leurs intérêts collectifs.

Dès lors il s'est formé entre ces agents et les hommes associés une convention d'où naquirent pour les uns et pour les autres des obligations respectives. Ceux-ci s'engagèrent à se soumettre à la volonté générale et à prêter leurs forces pour faire respecter les pouvoirs dont les premiers furent investis, pouvoirs dont l'ensemble constitue la *souveraineté*.

Déterminer quels sont les actes que les hommes doivent faire, et ceux dont ils doivent s'abstenir dans l'intérêt les uns des autres; user des moyens de contrainte dont la société dispose; décider dans quels cas il y a lieu d'employer ces moyens de contrainte, voilà les attributions tripartites de la souveraineté: *puissance législative, puissance exécutive, puissance judiciaire*.

Les prescriptions de la souveraineté engendrent la

législation positive : cette force limite la liberté naturelle dans les bornes qu'impose la nécessité de vivre en société :

« Omnes legum servi sumus, ut liberi esse possimus» (Cic. *Pro Cluento,* § 53).

« La liberté, dit Montesquieu, est le droit de faire tout ce que les lois permettent; si un citoyen pouvait faire ce qu'elles défendent, il n'aurait plus de liberté, parce que les autres auraient tout de même ce pouvoir» (*Esprit des lois*, lib. XI, chap. 3).»

On a appelé *domaine éminent* le pouvoir qu'a la souveraineté de régler l'exercice du droit de propriété :

« Omnia rex imperio possidet, disait Sénèque, singuli «domini (*De beneficiis*, lib. VII, cap. 4 et 5).»

Ce pouvoir n'est relatif qu'à des prérogatives inséparables de la puissance publique; il est fondé sur le droit qu'a le législateur de mettre au libre usage des biens les restrictions réclamées par l'intérêt public[1].

Nous avons exposé comment il nous semble que la science rationnelle justifie les servitudes légales : elle n'admet la propriété qu'avec certaines restrictions imposées par des nécessités morales.

Cette considération nous amène à penser que dans la législation positive les servitudes légales ne sauraient avoir le caractère de véritables servitudes : loin de constituer des charges réelles entre deux héritages, ce ne sont, pour ainsi dire, que des caractères essentiels de la propriété civile.

Cette opinion est basée sur les traditions les plus

---

[1] Grotius, *De la paix et de la guerre,* liv. I, chap. 1 et 2; liv. II, chap. 14; liv. III, chap. 20; Pufendorf, *Du droit de la nature et des gens,* liv. VIII, chap. 5.

certaines des législations antérieures[1], et sur les principes essentiels sur lesquels le Code Napoléon repose le
droit de propriété.

« La propriété, lisons-nous dans l'article 544, est le
droit de jouir et de disposer des choses de la manière
la plus absolue, pourvu qu'on n'en fasse pas un *usage
prohibé par les lois* ou par les règlements. »

Ces prohibitions sont donc inhérentes au droit de
propriété ! Ce n'est que sous ces conditions inséparables
de son existence que le droit lni-même est consacré !
« Ces prohibitions qui forment dans chaque pays la
règle commune de la jouissance et de la disposition des
propriétés, bien loin d'être des servitudes, sont au contraire constitutives de la liberté même des fonds, telle
que le législateur la reconnaît[2]. »

La législation positive est basée sur les intérêts qui
la dictent.

Or le législateur ne se trouve jamais qu'en présence de deux sortes d'intérêts : les uns qui lui sont
imposés par la société entière, réunion collective des
intérêts de chacun ; les autres qui représentent les citoyens considérés individuellement.

Quand ces deux sortes d'intérêt se trouvent en présence du droit de propriété, la loi, en harmonie par-

[1] Cœpolla, *Tract.* 2, *De serv. urb. præd.*, n° 6 ; Vinnius, *Inst.*,
De serv., § 1, n° 4 ; Pothier, *Cout. d'Orléans*, Introd. au tit. XIII,
n°ˢ 22 et 27 ; Bannelier et Davot, t. II, p. 142 ; *Des serv.*, lib. II,
trait. 8.

[2] Aubry et Rau, t. II, n° 234 ; Demolombe, n° 8. — La doctrine
contraire enseigne que toute restriction à la propriété constituerait
une servitude dans l'acception stricte du mot. (Bachovius, *Ad. Trentl*,
t. I, *disput.* 17, *ther.* 2 ; Toullier, t. III, n° 534 ; Merlin, *Quest. de
Droit*, t. V, 5° ; *Servitudes*, § 3.

faite avec la science rationnelle, établit deux sortes de servitudes (C. Nap., art. 649) :

1° Les servitudes qui ont pour objet l'utilité publique;

2° Les servitudes qui ont pour objet l'utilité des particuliers.

PREMIÈRE PARTIE.

Servitudes légales d'intérêt public.

Les restrictions imposées à la propriété en faveur de l'intérêt général n'ont des servitudes que le nom. Il résulte en effet de la définition même qu'en donne la loi (art. 637) qu'il n'y a servitude prédiale qu'autant qu'il y a assujettissement d'un héritage à un autre héritage[1]. Or les servitudes légales publiques, en imposant des charges à une propriété, n'en attachent les bénéfices à aucun autre héritage.

Définissons donc les servitudes légales d'intérêt public « des charges imposées par la loi sur la propriété foncière au profit de l'intérêt général. »

Ces servitudes diffèrent encore des servitudes ordinaires relativement à leurs modes d'extinction. Elles ne prennent fin par aucun des modes ordinaires, sauf par la destruction du fonds servant. Encore renaîtraient-elles *ipso jure* si cet héritage revenait à son état naturel (C. Nap., art. 703 et 704).

[1] « *Idéo autem*, disait le Droit romain, *hæ servitutes, prædiorum appellantur quoniam sine prædiis constitui non possunt, quorum alio ab alio debeantur* » (*Dig.*, lib. VIII, *De comm. præd.* 1 ; Ulp., *Inst.*, lib. 2).

Mais elles s'éteignent :

1° Quand la loi qui les a créées est rapportée expressément;

2° Quand l'autorité déclare que l'intérêt général qui les a fait naître a cessé (Voy. L. du 15 mars 1791; Actes du gouvernement, 23 mesidor an IV; 24 prairial an XII etc.).

Nous croyons que les domaines public, départemental et communal sont, comme toute propriété particulière, susceptibles d'être grevés de servitudes en vue de l'utilité générale[1]. Cette solution nous paraît justifiée par les lois nombreuses qui consacrent des servitudes de ce genre (Voy. Ord. de la marine, liv. IV, tit. X, art. 1, et liv. V, tit. III, art. 4 etc.).

Le Code Napoléon ne consacre qu'un seul article à cette grande classe de servitudes, c'est l'art 650, qui nous dit :

« Les servitudes établies pour l'utilité publique ou « communale ont pour objet le marchepied le long des « rivières navigables ou flottables, la construction ou « réparation des chemins et autres ouvrages publics ou « communaux.

« Tout ce qui concerne cette espèce de servitudes est « déterminé par des lois ou réglements particuliers. »

Ces deux servitudes d'utilité publique ne sont mentionnées que par forme d'exemple: c'est être bien muet sur un sujet aussi vaste[2]. Ces lois et réglements auxquels nous renvoie le Code sont du ressort du droit ad-

---

[1] Toullier, t. III, § 473; Proudhon, *Domaine public*, t. II, n° 366; *Contrà*, Pardessus, t. I, n°ˢ 35 et suiv.; Duranton, t. V, §§ 294 et suiv.

[2] Delvincourt, t. I, p. 162; Demante, t. I, p. 316; Pardessus, n° 140.

ministratif qui règle les droits des citoyens dans leurs relations avec les intérêts collectifs.

Dans un pays aussi varié que la France, certaines servitudes dictées par des intérêts locaux, quoique basées sur des principes généraux et uniformes, ne pouvaient faire l'objet de dispositions législatives générales: d'où la division des servitudes d'utilité publique en *servitudes générales* et en *servitudes locales*.

Les premières, qui émanent du chef du pouvoir administratif, forment le droit commun de toute la France; les secondes sont établies par l'autorité municipale, qui tient de la loi le pouvoir de prendre les mesures qu'elle juge nécessaires à l'intérêt public (L. des 14 et 22 décembre 1789, art. 50; 16-24 août 1790, tit. XI, art. 3; 22 juillet 1791, tit. I, art. 46; 18 juillet 1837, art. 11 et 12). Les premières sont les seules dont nous ayons à nous occuper.

Les servitudes d'utilité publique peuvent être nécessitées:

Dans l'intérêt de la défense militaire de l'État;

Dans l'intérêt de la sûreté et de la salubrité publiques;

Dans l'intérêt de la voirie et des travaux publics;

Dans l'intérêt de la richesse nationale;

Dans l'intérêt financier de l'État;

D'où la répartition de ces servitudes dans cinq grandes sections.

SECTION PREMIÈRE.

INTÉRÊT DE LA DÉFENSE MILITAIRE DE L'ÉTAT.

La première nécessité d'une société qui se forme est de se prémunir contre les attaques des sociétés voisines: aussi le principe sacré de la propriété doit-il se courber et fléchir devant l'intérêt si puissant de la défense de nos droits.

Les citoyens sont en conséquence forcés de subir les servitudes que la loi dut leur imposer :

1° Pour la défense des frontières de l'État;

2° Pour la défense des places de guerre ;

3° Pour l'approvisionnement des arsenaux.

§ 1er. *Défense des frontières de l'État.*

Les frontières d'un État étant la partie du territoire la plus exposée à la guerre, celle où les hostilités commencent toujours, c'est sur ces points surtout que tout doit être disposé pour favoriser des mouvements de défense et d'attaque. Le gouvernement doit donc veiller à ce qu'il ne soit fait dans la zône des frontières aucun travail qui puisse nuire au système de défense[1].

C'est dans ce but que certains grands travaux de la compétence ordinaire des administrations civiles sont soumis à l'approbation des autorités militaires : ils peuvent être interdits quand ils doivent nuire à la défense du territoire.

La zône des frontières de France a été délimitée, en vertu de l'ordonnance du 18 septembre 1816, par une décision du comité du génie approuvée par le ministre de la guerre (Inst. du 15 octobre 1816).

Les grands travaux concernant les routes, chemins, canaux et rivières navigables et flottables, ponts, digues etc. ne peuvent être exécutés dans la zône des frontières qu'avec le consentement des ministres de la

---

[1] Allent, *Essai sur les connaissances militaires*, t. I.

guerre et de la marine (L. du 10 juin 1791, art. 9;
Décret du 31 août 1805 (13 fruct. an XIII), art. 2;
Décret du 20 juin 1810; 4 août 1811; 27 février
1815; L. du 9 février 1819).

A cet effet, les ministres devront consulter la *commission mixte* des travaux publics, composée d'ingénieurs et d'officiers de terre et de mer, créée par le décret du 20 février 1810 (art. 19 voy. Ord. 1er mars 1768, tit. XXXV, art. 2; 29 janvier 1791, tit. I, art. 6; 13 fruct. an XIII, art. 6 etc.).

§ 2. *Défense des places de guerre.*

Les servitudes imposées pour la défense des places de guerre sont intérieures ou extérieures.

I. *Servitudes extérieures.* Les servitudes établies à l'extérieur des places et postes militaires sont de différentes natures et ne portent pas toutes sur une même étendue de terrain. Les parties qui sont grevées des mêmes servitudes sont désignées sous le nom de *zônes*, parce qu'elles forment autour des places des ceintures plus ou moins considérables.

Les places de guerre se divisent en France, d'après leur importance, en trois classes, et c'est ce classement qui détermine pour chacune les *zônes de servitudes* (L. 10 juillet 1791; Ord. 1er août 1821; L. 15 mars 1850).

Le législateur a établi autour de toutes les forteresses trois zônes de servitudes: la première est de 250 mètres à partir des points extrêmes des enceintes stratégiques; la seconde est de 487 mètres, et la troisième de 974 mètres autour des places et de 584 mètres autou des postes militaires (L. du 10 juillet 1791, art. 31 et 32; déc. 10 août-23 sept. 1853, art. 5 et s.). Les places de première et de deuxième classe seules ont droit aux trois zones; celles de la troisième classe n'en ont que deux.

Dans la première de ces zônes on ne peut bâtir aucune maison ni clôture quelconque, si ce n'est des clôtures en haies sèches ou en planches à claire voie (Déc. 23 sept. 1853, art. 7).

Dans la seconde zône on peut élever des bâtiments et clôtures en terre et en bois, sans toutefois y employer de briques, de chaux, ni de plâtre autrement qu'en crépissage (L. du 10 juillet 1791, tit. I, art. 31). Dans la troisième zône on ne peut creuser aucun fossé, ni faire aucun chemin sans que leur alignement et leur position aient été concertés avec l'autorité militaire (L. du 10 juillet 1791, tit. I, art. 29). Le génie indique aussi le lieu où les décombres doivent être déposés. On ne peut faire aucun ouvrage de topographie ni d'arpentage sans autorisation (D. 23 sept. 1853, art. 8).

Par exception, le ministre de la guerre peut permettre de construire des moulins ou autres semblables usines, pourvu qu'elles ne soient composées que d'un rez-de-chaussée, et à charge de démolition sans indemnité en cas de guerre. Il peut aussi autoriser la construction de toutes espèces de bâtiments ou clôtures hors des places ou postes, ou sur l'esplanade des citadelles, en prescrivant la nature des matériaux et la dimension des constructions (L. du 10 juillet 1791, tit. I, art. 30; Ord. du 1er août 1821, art. 7).

Dans toute l'étendue des zônes de servitudes, les constructions, de quelque nature qu'elles soient, ne peuvent être élevées que sous la condition d'être démolis à la première réquisition du service du génie, et ne peuvent être réparées sans la permission du chef du génie (LL. des 10 juillet 1851 et 31 mars 1831).

Des lois récentes (L. du juillet 1851 et Déc. du 10 août 1853) sont venues modifier légèrement le classement des places militaires, et donnent à l'Empereur la faculté de réduire l'étendue des zônes de servitudes du côté des centres importants de population.

Les officiers du génie peuvent inonder les parties du territoire français faisant partie des lignes de défense dans les cas et pour le temps où la présence des armées ennemies rend cette mesure nécessaire (L. du 10 juillet 1791, tit. I, art. 36 ; Déc. du 13 fructidor an XIII, art. 3).

II. *Servitudes intérieures.* La défense des places de guerre nécessite un espace consacré à la circulation des troupes à l'intérieur des fortifications : cette route de ceinture, destinée à établir une facile communication entre toutes les parties des remparts, s'appelle *rue du rempart* [1].

Afin de faciliter l'établissement de cette rue militaire, dont le législateur détermine la largeur (L. du 10 juillet 1791, art. 15, 16, 19), des servitudes sont imposées aux terrains qui doivent servir à sa formation : les particuliers ne peuvent élever sur ces terrains aucune construction nouvelle, ni faire aucune reconstruction totale (L. du 10 juillet 1791, art. 17).

§ 3. *Approvisionnement des arsenaux.*

Nous devons ici signaler quelques servitudes imposées dans l'intérêt de la fabrication de la poudre.

[1] Denisart, t. V, *Murs* n° 1 ; Merlin, t. V, *fort.*, § 3.

Tout propriétaire qui veut démolir doit en faire la déclaration à la mairie de sa commune, et laisser ses matériaux pendant dix jours à la disposition du salpétrier; celui-ci a le droit de les exploiter et de creuser à 11 centimètres de profondeur contre les seuils, poutres et autres ouvrages en-bois, et à 22 centimètres contre les murs.

Quiconque a une nitrière, ne peut l'exploiter qu'à la condition de livrer le salpêtre à l'État contre paiement (LL. des 5 fructidor an V et 10 mars 1819).

Les propriétaires de bois, autres que ceux clos et attenant à une habitation, sont tenus, dans l'étendue de 15 myriamètres des usines à poudre, de laisser les agents de l'administration rechercher, couper et enlever les bois de bourdaine de l'âge de trois à cinq ans de crue (Ord. du 4 avril 1686; Arr. du Cons. des 11 janvier 1689, 23 août 1701, 7 mai 1709; Arr. du 25 fructidor an XI; L. du 16 floréal an XIII).

Le Code forestier consacrait une servitude très-lourde dans l'intérêt de la marine. Les agents de la marine pouvaient marteler les bois propres aux constructions navales; que les arbres se trouvassent dans les forêts, futaies, avenues, lisières, ou qu'ils fussent mis en réserve ou épars. Les propriétaires ne pouvaient exploiter sans en passer déclaration à la mairie, et ne pouvaient disposer librement des arbres que si, dans les six mois, ils n'avaient pas été martelés (Code forest., art. 122-134). Ces dispositions furent abrogées par la loi du 1er août 1837.

SECTION II.

INTÉRÊT DE LA SÛRETÉ ET DE LA SALUBRITÉ PUBLIQUES.

Le gouvernement est tacitement investi du devoir de veiller à la conservation des citoyens. D'où la faculté corrélative qu'il a d'imposer aux citoyens des servitudes ayant pour objet leur propre conservation.

Indépendamment des *servitudes locales*, dont la diversité et le grand nombre sont justifiés par la différence du climat, des mœurs et des usages, le législateur dut faire des règlements généraux de police administrative dans l'intérêt de la sûreté et de la salubrité publiques.

Les servitudes que la loi établit dans ce but ont pour objet de prévenir le danger des incendies, des inondations ou des écroulements, de procurer des secours prompts à ceux dont la vie serait menacée, enfin, de prendre des mesures générales dans l'intérêt de la salubrité publique.

§ 1er. *Danger des incendies.*

1º On ne peut établir de chantiers, de dépôts de bois, de charbons ou d'autres combustibles sans l'autorisation spéciale du préfet (Déc. du 15 octobre 1810; ord. du 14 janvier 1816 et du 9 février 1825).

2º On ne peut de même, sans autorisation, établir de boulangerie, brasserie, distillerie etc. (Ord. du 31 octobre 1827 et du 15 avril 1838).

3º Tout propriétaire est obligé de se soumettre à la visite annuelle des fours et cheminées se trouvant dans sa maison. Après cette visite, les officiers municipaux peuvent ordonner la destruction ou la réparation de ceux qui, par leur état de délabrement, pourraient occasionner un incendie. Cette servitude ne s'étend qu'aux habitations situées à moins de 100 mètres des autres maisons (L. du 28 septembre et du 6 octobre 1791, tit. II, art. 9, 22).

§ 2. *Danger des inondations.*

1° Les propriétaires riverains sont tenus d'établir à leurs frais des digues sur le bord de la mer ou des fleuves toutes les fois que la sûreté publique l'exigera (L. du 16 septembre 1807).

2° Le propriétaire ou fermier d'un moulin est tenu, pour prévenir les inondations, de tenir constamment les eaux à une hauteur fixée par le préfet (L. des 28 septembre et 6 octobre 1761, tit. II, art. 6; 12 et 20 août 1790, chap. IV).

3° Le curage des canaux et rivières non navigables et l'entretien des digues qui y correspondent sont à la charge des riverains (L. du 14 floréal an XI).

4° Les conseils généraux sont en tout temps autorisés à ordonner la destruction des étangs et cours d'eau qui, par leur position, sont sujets à des inondations (L. du 11 septembre 1792).

§ 3. *Danger des écroulements.*

1° Tout propriétaire est tenu de veiller à la démolition ou à la réparation des bâtiments qui, menaçant ruine, pourraient compromettre la sûreté des passants (L. du 24 août 1791, tit. XI, art. 3 et 5).

2° On ne pourrait, en aucun cas, élever sur la voie publique une construction ou saillie qui, menaçant ruine, pourrait compromettre la sûreté des passants (Déclar. du 16 juin 1693).

3° La distance à observer et les ouvrages requis pour certaines constructions constituent aussi des servitudes légales publiques (C. civil, art. 674).

4° Le ministre de l'intérieur peut ordonner la plantation des dunes appartenant aux particuliers et aux communes; si ceux-ci ne peuvent ou ne veulent pas exécuter les travaux convenables, l'administration pourvoit à la plantation à leurs frais. Alors elle conserve la jouissance des dunes et recueille les fruits des coupes qu'elle y fait jusqu'à entier recouvrement des dépenses qu'elle a faites et des intérêts.

Aucune coupe de plante d'oyat, roseaux de sables, épines maritimes, pins, sapins, mélèzes et autres plantes résineuses conservatrices des dunes ne peut être faite qu'avec l'autorisation des Ponts et chaussées (Arr. des consuls des 13 messidor an IX, 14 décembre 1810).

§ 4. *Secours publics.*

1° Les propriétaires d'habitations ou de fonds voisins du lieu où arrive un naufrage, un incendie, une inondation etc., sont tenus de livrer passage pour y porter secours, et d'y laisser déposer les objets sauvés (Ord. de 1681, liv. IV, tit. IX; Lett. pat. du 10 janvier 1770; C. pénal, art. 475, 12°).

2° En cas d'incendie, les voisins sont de même obligés de livrer passage aux sapeurs-pompiers et autres agents appelés à porter des secours (Ord. du 24 novembre 1843, art. 34).

3° Les habitants de la rue où se trouve le foyer de l'incendie doivent tenir les portes de leurs maisons ouvertes et laisser puiser de l'eau à leurs puits et pompes pour le service du feu (art. 35).

§ 5. *Salubrité publique.*

1° Tout propriétaire est tenu de contribuer en proportion de son intérêt aux frais que nécessitent les mesures ordonnées dans l'intérêt de la salubrité publique (L. du 16 septembre 1807).

2° En cas de peste ou d'épidémie, les immeubles compris dans le cordon sanitaire peuvent être soumis à toutes les mesures de précaution que l'autorité jugera nécessaires (L. du 3 mars 1822).

3° Le gouvernement peut ordonner le desséchement des marais ou des étangs nuisibles. Les propriétaires sont tenus de contribuer aux travaux de desséchement (L. des 6 octobre 1791, tit. II, art. 15; 11 septembre 1792; 16 septembre 1807).

4° Nul ne peut élever sans autorisation aucune habitation ni creuser aucun puits à moins de 100 mètres des nouveaux cimetières. Les bâtiments existants ne peuvent non plus être restaurés ni augmentés sans autorisation (Déc. du 7 mars 1808).

5° Nul ne peut enterrer un cadavre sur sa propriété, si ce n'est hors les villes et faubourgs et à une distance d'au moins 35 mètres [1].

6° On ne peut établir d'abattoirs sans l'autorisation du maire (L. du 15 avril 1838).

7° Les manufactures et ateliers qui répandent une odeur insalubre, dangereuse ou incommode, ne peuvent

---

[1] Décr. du 23 prairial an XIII, art. 14. — « *Hominem mortuum, inquit lex in XII Tabulis, in urbe ne sepelito, ne urito.* »

(Cic., *De legib.*, lib. II.)

être établis sans une permission de l'autorité supérieure. Le gouvernement peut du reste toujours ordonner la suppression des manufactures qui présentent de
graves inconvénients pour la salubrité publique (Déc.
du 15 octobre 1810; ord. des 14 janvier 1815, 29 juillet 1818, 25 juin et 29 octobre 1823, 20 août 1824,
9 février 1825, 5 novembre 1826, 20 septembre 1828,
30 octobre 1836, 25 mars 1838).

8° Est une servitude légale l'obligation où se trouve
le propriétaire d'une source qui alimente une commune de ne pas en changer le cours (C. Nap., art. 643).

9° Les propriétaires qui découvrent dans leurs fonds
des sources d'eaux thermales ou minérales, ne peuvent
en permettre l'usage au public qu'avec l'autorisation
du gouvernement.

Ni eux ni leurs voisins ne peuvent faire aucune
fouille, aucun sondage, aucun travail souterrain, dans
un périmètre de 1000 mètres au moins de rayon de
ces sources, sans autorisation du préfet (Arr. cons. des
6 mai 1732, 26 mai 1780, 5 mai 1781 ; Arr. direct.
des 29 floréal an VII, 3 floréal an VIII, 6 nivôse an XI,
10 prairial an XII; Ord. du 18 juin 1823; Déc. du
gouv. prov. du 8 mars 1848; voy. Arr. du 30 prairial
an XII spécial aux eaux de Baréges (Hautes-Pyrénées).

SECTION III.

INTÉRÊT DE LA VOIRIE ET DES TRAVAUX PUBLICS.

Le grand nombre et l'importance des servitudes imposées dans l'intérêt de la voirie sont justifiés par la
grande activité commerciale d'un pays comme le nôtre,
dont toutes les parties doivent avoir entre elles des
communications promptes et faciles.

Divisons ces servitudes suivant qu'elles sont relatives aux voies d'eau, aux voies de terre ou aux voies de fer.

§ 1er. *Voies d'eau.*

Ces servitudes ont trait au marchepied ou chemin de halage le long des rivières navigables et flottables (C. Nap., art. 650).

Le marchepied est l'espace de terrain nécessaire aux navigateurs sur les bords des fleuves et des rivières pour remorquer les bateaux ou pour déposer les marchandises. Le chemin de halage est établi d'un côté pour le passage des chevaux qui servent au halage ou à la remonte des bateaux.

L'étendue de ces terrains est fixée par l'ordonnance de 1669, qui est encore en vigueur aujourd'hui : « Vingt-quatre pieds (7m,80) au moins de place en largeur pour chemin royal et trait de chevaux, sans qu'on puisse planter arbres ni tenir clôture en haies plus près que trente pieds (9m,75) du côté que les bateaux se tirent, et dix pieds (3m,25) de l'autre bord » (Tit. VII, art. 28).

La largeur se calcule à partir du haut de la berge où arrive le dernier flot quand la rivière coule à pleins bords, sans y compter les terrains submergés dans les crues extraordinaires. La zone de trente pieds peut être exigée à la fois sur l'une et l'autre rive, ou reportée d'une rive sur l'autre quand l'administration des ponts et chaussées reconnaît cette mesure nécessaire à la navigation [1].

L'établissement d'un chemin de halage donne droit

[1] Dalloz, vo *Servit.*, no 5; Ord. 1672; Arr. du Cons. du 27 juin 1777; Décr. du 16 messidor an XIII.

aux riverains grevés de cette servitude à une indemnité réglée par le conseil de préfecture[1].

L'interdiction de couper et d'élaguer les arbres des routes, sans autorisation, s'applique aux arbres plantés sur les bords d'un canal (Ord. du 28 février 1831).

§ 2. *Voies de terre.*

Ces servitudes, dont le Code fait à peine mention dans l'art. 650, sont très-nombreuses et consistent la plupart en certaines obligations imposées aux propriétaires, dans le but de faciliter aux agents des administrations toutes les opérations qu'exigent l'établissement ou l'entretien des chemins, et en général la confection de tous les travaux publics.

Nous allons citer sommairement, et à titre d'exemple, les plus importantes.

1° Quand un projet de route est mis en étude, le préfet désigne les fonds sur lesquels les agents des ponts et chaussées peuvent passer pour faire les études de terrains et les levées de plans (L. du 28 pluviôse an VIII, art. 4, 3°; L. du 16 septembre 1807, art. 55 et 57).

2° Les entrepreneurs ou l'administration peuvent prendre les matériaux nécessaires à l'établissement de la route dans les lieux non clos indiqués par le devis ou les arrêtés du préfet, sauf indemnité pour les particuliers (L. du 28 pluviôse an VIII, art. 4, 4°; LL. du 28 juillet 1824 et du 21 mai 1836, art. 17 et 18).

---

[1] Laferrière, *Dr. adm.*, liv. II, tit. XI, chap. 2. Voy. aussi sur cette matière: Lepasquier, *Lois et règlements sur les cours d'eau;* Garnier, *Régime des eaux*, L. du 15 avril 1829; Arr. du 13 nivôse an IV; Ord. du 26 août 1818 et deux Circulaires du directeur général des ponts et chaussées des 27 juillet 1823 et 8 janvier 1824.

3° Les terrains voisins d'une route peuvent être désignés par l'administration pour servir de dépôts de matériaux, de chantiers ou d'ateliers, de chemins pour le charroi, ou même de passage pour les voyageurs quand la route est accidentellement interceptée, sauf indemnité. Tout voyageur peut en conséquence déclore un champ pour se faire un passage si le chemin est impraticable. Les dommages et frais de clôtures sont à la charge de la commune[1] (LL. du 28 pluviôse an VIII, art. 4, 4°, et du 28 septembre 1791, tit. I, art. 41).

4° Les bois et forêts des particuliers traversés par les grandes routes doivent être essartés et coupés dans l'espace de 60 pieds (Ord. de 1669, tit. XXVIII. art. 5).

5° Les riverains peuvent être tenus de faire ou d'entretenir des plantations d'arbres sur leurs propriétés à un mètre au moins du bord extérieur des fossés. Ils ne peuvent planter dans l'espace de 6 mètres de la route sans demander l'alignement au préfet : quoique les arbres leur appartiennent, ils ne peuvent les arracher, ni les couper, ni les élaguer sans la permission de l'administration (L. du 9 ventôse an XIII ; Déc. du 16 décembre 1811 ; L. du 12 mai 1825 ; voy. pour la législ. antér. en cette matière les Ord. de 1579, 1583, 26 mai 1075, 3 mai et 17 juni 1721).

6° Les riverains des grandes routes sont obligés de

---

[1] Nous trouvons cette servitude consacrée chez les Hébreux dans l'art. 9 des lois agraires attribuées à Josué (voy. le texte de ce passage dans le *Traité de la voirie*, d'Isambert, t. I, p. 2). Elle existait aussi dans le Droit romain : *Cum via publica vel fluminis impetu, vel ruina amissa est, vicinus proximus viam præstare debet* (Dig., lib. VIII, tit. VI, *Quemadm. serv. amitt.*, 14, § 1).

recevoir les eaux qui en découlent et les terres qui résultent du curage des fossés. Il leur est interdit d'ouvrir des carrières de pierres ou de moëllons, de faire des fouilles ou de pousser des galeries souterraines à moins de 58 mètres 47 centimètres du bord de la route (Ord. du 22 juin 1751 ; Ord. de 1720 ; Arr. du cons. du 5 avril 1771 ; Ord. du 27 octobre 1857).

7° Les riverains de toutes espèces de routes sont obligés de souffrir l'alignement. C'est là une des charges les plus lourdes de la propriété foncière.

Pour les routes de grande communication c'est le préfet qui donne l'alignement ; partout ailleurs c'est le maire.

L'alignement ne force pas à démolir, si ce n'est par voie d'expropriation pour cause d'utilité publique ; mais cette servitude empêche le propriétaire de l'immeuble en état de vétusté de le reconstruire, de le réparer, de le soutenir par des travaux confortatifs. Quand il est tombé par délabrement ou par démolition volontaire ou ordonnée par l'autorité, la construction nouvelle doit être reculée, et l'état ou la commune ne paie que la valeur réelle du terrain délaissé, sans avoir égard au préjudice souffert (Édit de 1606, art. 4 ; Arr. du cons. des 29 mars 1754 et 27 février 1765 ; LL. des 7 et 14 octobre 1790, art. 1 ; 19 et 22 juillet 1791, tit. I, art. 29, 2° ; 22 décembre 1789 ; 16 septembre 1807, art. 50-53 ; 23 mars 1842 ; Avis du cons. d'État des 7 et 21 août 1839).

8° Les talus servant d'accotement aux routes nationales plus élevées que les propriétés riveraines font partie des routes. Les particuliers qui se justifieraient propriétaires de ces talus ont droit à une indemnité, mais ne peuvent y élever ni clôtures ni plantations (Ord. du 30 juin 1839; Dalloz, 1840, 3, 57).

§ 3. *Voies de fer.*

La législation relative aux chemins de fer a été fixée en France par la loi du 15 juillet 1845, où nous lisons de nombreuses dispositions consacrant des servitudes.

Cette loi déclare applicables aux propriétés riveraines des chemins de fer les servitudes imposées par les lois et règlements sur la grande voirie et que nous venons d'exposer (art. 3).

Elle établit en outre quelques servitudes spéciales :

1° Tout chemin de fer sera clos des deux côtés et sur toute l'étendue de la voie. Partout où ces chemins croiseront de niveau avec les routes de terre, des barrières seront établies et tenues fermées conformément aux règlements (art. 4).

2° Aucune construction autre qu'une clôture ne pourra être établie dans une distance de deux mètres d'un chemin de fer (art. 5).

3° Dans les localités où le chemin de fer se trouvera en remblai de plus de trois mètres au-dessus du terrain naturel, il est interdit aux riverains de pratiquer, sans autorisation préalable, des excavations dans une zone de largeur égale à la hauteur verticale du remblai mesurée à partir du pied du talus (art. 6).

4° Il est défendu d'établir, à une distance de moins de 20 mètres d'un chemin de fer desservi par des machines à feu, des couvertures en chaume, des meules de paille, de foin, et aucun autre dépôt de matières inflammables (art. 7).

5º Dans une distance de moins de 5 mètres d'un chemin de fer, aucun dépôt de pierres ou objets non inflammables ne peut être établi sans l'autorisation préalable du préfet. L'autorisation n'est pas nécessaire : 1º pour former, dans les localités où le chemin de fer est en remblai, des dépôts de matières non inflammable dont la hauteur n'excède pas celle du remblai ; 2º pour former des dépôts temporaires d'engrais et autres objets nécessaires à la culture des terres (L. du 15 juillet 1845, art. 8).

6º Si, hors des cas d'urgence prévus par la loi du 16 au 24 août 1790, la sûreté publique ou la conservation du chemin de fer l'exige, l'administration pourra faire supprimer, moyennant une juste indemnité, les constructions, plantations, excavations, couvertures en chaume, amas de matériaux combustibles ou autres, existant dans les zones ci-dessus spécifiées au moment de la promulgation de la présente loi, et pour l'avenir lors de l'établissement du chemin de fer (L. du 15 juillet 1845, art. 10).

SECTION IV.
INTÉRÊT DE LA RICHESSE NATIONALE.

Le plus puissant mobile de la prospérité d'un État, c'est le commerce, et le commerce dépend tout entier de la richesse nationale.

Le législateur doit donc faire courber les intérêts privés dans l'intérêt de la conservation et de l'exploitation des richesses nationales. Cet intérêt est dicté par deux éléments de prospérité : l'agriculture et l'industrie.

La fertilité du sol, l'exploitation des richesses souterraines, la conservation des forêts, telles sont les vues

de la loi quand elle impose des servitudes dans l'intérêt de la richesse nationale.

§ 1er. *Fertilité du sol.*

1° Tout propriétaire qui veut se servir, pour l'irriga-
tion de sa propriété, des eaux naturelles et artificielles
dont il a le droit de disposer, peut obtenir, moyennant
juste et préalable indemnité, le passage de ces eaux sur
les fonds intermédiaires. Les propriétaires des fonds in-
férieurs doivent recevoir les eaux qui s'écoulent des
terrains ainsi arrosés, sauf indemnité.

Sont exempts de cette servitude : les maisons, cours,
jardins, parcs et enclos attenant aux habitations[1].

2° Tout propriétaire qui veut se servir, pour l'irri-
gation de sa propriété, des eaux naturelles ou artificielles dont il a le droit de disposer, peut obtenir la
faculté d'appuyer sur la propriété du riverain opposé
les ouvrages d'art nécessaires à sa prise d'eau, sauf indemnité[2] (Loi du 11 juillet 1847).

[1] Cette servitude, qui a été nationalisée en France par la loi du 29
avril 1845, était parfaitement inconnue à Rome (*Dig.*, *Ad legem
aquiliam*, 19, § 1; Cæpolla, *Tract. de servit.*, lib. I, cap. LXIX,
§ 3, lib. II, cap. IV, 69).

Cette servitude est née dans l'Italie supérieure, elle existait à Mi-
lan avant le douzième siècle; le statut de Vérone la consacra en 1455,
le Piémont en 1584, la Provence l'admettait en 1547, la Corse en 1571;
un décret impérial du 20 avril 1804 l'étendit au nord de l'Italie.

De nos jours, le Code sarde (art. 622, 627, 630) et le Code parme-
san (art. 57) appellent cette servitude une servitude légale; la Lom-
bardie (L. du 20 avril 1804, art. 52) la regarde comme un droit d'expropriation absolue au profit du dérivant. Sous l'empire de la loi de
1845 elle constitue une véritable servitude légale.

[2] La servitude légale de barrage ou d'appui avait complétement été
repoussée en principe comme attentatoire au droit de propriété lors
de la discussion de la loi de 1845 (*Revue de législation*, t. III, p. 9).

3° Le desséchement des marais et étangs peut être ordonné par le gouvernement quand il le juge utile ou nécessaire aux intérêts de l'agriculture (LL. du 16 septembre 1807; du 6 octobre 1791, tit. II, art. 15; du 11 septembre 1792; C. pénal, art. 457).

4° Les propriétaires des biens ruraux sont tenus d'observer tout ce qui concerne les bans de vendange, le grapillage et le ratelage (L. du 6 octobre 1791, tit. Ier, sect. V, art. 1er, et tit. II, art. 21).

5° Les propriétaires dont les fonds sont grevés du droit de parcours peuvent s'en affranchir par le rachat et le cantonnement (C. Nap., art. 647 et 648; L. du 6 octobre 1791, tit. Ier, sect. IV, art. 7).

§ 2. *Exploitation des richesses souterraines.*

1° Les mines ne peuvent être exploitées qu'en vertu d'une concession délibérée en conseil d'État.

Le retrait de concession peut être prononcé en cas de nécessité (LL. du 20 avril 1810, art. 15 et 17; du 27 avril 1838, art. 9 et 10).

2° La recherche des mines peut être faite, malgré le propriétaire, moyennant une autorisation du chef de l'État, sauf 1° quand le terrain est déjà concédé; 2° quand il s'agit d'enclos murés, de cour, jardin ou terrain attenant aux habitations ou clôtures murées dans la distance de 100 mètres desdites clôtures ou habitations (L. du 20 avril 1810, art. 10, 11 et 12).

3° Le propriétaire de la surface doit souffrir tous les travaux d'exploitation, sauf indemnité. Les ingénieurs des mines sont chargés de veiller à la conservation des édifices et à la sûreté du sol. Si l'exploitation compromet la sûreté des mineurs ou des habitations de la surface, la conservation des puits et la solidité des travaux, le préfet peut la faire suspendre (L. du 20 avril 1810, art. 43, 47 à 51, 93 à 96; Déc. du 3 janvier 1813, art. 3, 4, 7 et 9; Ord. du 26 mars 1843).

4° Lorsque plusieurs mines situées dans des concessions différentes sont atteintes ou menacées d'une inondation commune, de nature à compromettre leur existence, la sûreté publique ou les besoins des consommateurs, le gouvernement peut forcer les concessionnaires à exécuter ou exécute à leurs frais les travaux nécessaires pour dessécher les mines inondées ou pour arrêter les progrès de l'inondation (L. du 27 avril 1838, art. 1er).

5° Lorsqu'il est nécessaire à une exploitation d'ouvrir des travaux de secours dans un canton ou exploitation du voisinage, tels que galeries d'écoulement, chemin, prise d'eau etc., le préfet les autorise, et les propriétaires de la surface sont tenus de les supporter, moyennant indemnité (L. du 12 juillet 1791, tit. Ier, art. 25; Arr. direct. du 3 nivôse an VI).

6° Quiconque a sur son fonds du minerai de fer d'alluvion, est tenu d'exploiter en quantité suffisante pour fournir les usines voisines. Si le propriétaire refuse d'exploiter, ou n'exploite pas en quantité suffisante, ou suspend pendant plus d'un mois, le préfet autorise les maîtres de forge voisins à exploiter pour lui.

Néanmoins ces maîtres de forges ne peuvent exploiter que les terres meubles et en jachères, et seulement après la récolte toutes les autres terres. Ils ne peuvent exploiter les bois et forêts sans la permission du propriétaire (LL. du 21 avril 1810, art. 59, 60 et suiv.; du 12 juillet 1791, tit. II, art. 15 et 18).

7° L'exploitation des carrières par galéries souterraines ne peut avoir lieu sans autorisation. Elle peut se faire par ordre du préfet, malgré le propriétaire (L. du 21 avril 1810; Arr. cons. dn 7 sept. 1755).

8° Les fourneaux à fondre les minerais de fer et autres substances métalliques, les forges et martinets pour ouvrer le fer et la cuivre, les usines servant de patouillets et brocards, celles pour le traitement des substances salines et pyriteuses dans lesquelles on consomme du combustible, ne peuvent être établis que sur une permission accordée par un règlement d'administration publique (L. du 21 avril 1810, art. 73 et suiv.).

§ 3. *Conservation des forêts.*

1° Les communes et établissements publics ne peuvent défricher leurs bois sans l'autorisation du gouvernement (Cod. forest., art. 91).

2° Aucun particulier ne peut arracher ni défricher ses bois qu'après en avoir fait préalablement la déclaration à la sous-préfecture au moins six mois d'avance, durant lesquels l'administration peut faire signifier au propriétaire son opposition au défrichement.

Cette servitude, que le Code forestier n'avait établie que pour vingt ans, fut prorogée par plusieurs lois successives jusqu'à aujourd'hui (Cod. forest., art. 219 et suiv.; LL. des 22 juillet 1847; 25 juillet 1850; 23 juillet 1851; 7 juin 1853; 12 juillet 1856; Arr. du cons. du 12 octobre 1756; L. du 9 floréal an XI).

3° Lorsque le riverain d'un bois de l'État veut user du droit qu'il a de faire opérer la délimitation, s'il exige qu'elle soit effectuée par des fossés de clôture, il doit laisser prendre en entier ces fossés sur son terrain (Code forest., art. 14).

4° Nul ne peut porter ni allumer du feu dans l'intérieur et à la distance de 200 mètres des bois et forêts (Code forest., art 148).

5° Les propriétaires riverains des bois et forêts ne peuvent se prévaloir de l'art. 672 du Code civil pour l'élagage des lisières desdits bois et forêts, si ces arbres de lisière ont plus de trente ans (Code forest., art. 150).

6° On ne peut établir de four à chaux, à plâtre, de briquerie ou de tuilerie, de maison sur perches, loges et barraques ou hangars, sans autorisation, à moins d'un kilomètre des bois ou forêts.

On ne peut construire, sans autorisation, aucune maison ou ferme à moins de 500 mètres des bois.

Nul individu habitant les maisons et fermes dont la construction a été autorisée dans un rayon de 500 mètres, ne peut, sans permission spéciale, y établir un atelier à façonner le bois, chantier ou magasin. On ne peut, sans autorisation, établir aucune scierie, à moins de deux kilomètres des bois (Code forest., art. 151 à 155).

SECTION V.

INTÉRÊT FINANCIER DE L'ÉTAT.

Les servitudes imposées par la loi dans l'intérêt du fisc sont justifiées par la nécessité de réprimer les fraudes aux droits financiers d'État. Les unes ont pour but de faciliter les opérations des agents de l'administration des douanes; les autres sont relatives au monopole que s'est fait l'État de l'exploitation du sel et de la culture du tabac.

§ 1. *Douanes.*

1° Il ne peut être formé dans la ligne des douanes (qui est de deux myriamètres à partir de la frontière), excepté dans les villes, aucune clôture, moulin, usine, papeterie, ou autre usine ou manufacture, sans l'autorisation du gouvernement.

S'il est prouvé que lesdits établissements favorisent la contrebande, l'autorité administrative peut en prononcer l'interdiction et en ordonner le déplacement, qui doit être effectué dans l'année (LL. des 22 août 1791, tit. XIII, art. 41 ; 21 ventôse an XI, art. 1 et 2 ; Déc. du 10 brumaire an XIV, art. 1, 2 et 3 ; L. du 30 avril 1806, art. 75-77).

2° Il est défendu de former entre les deux lignes de douanes aucun magasin, dépôt ou entrepôt de marchandises manufacturées (L. du 22 août 1791, tit. XIII, art. 37).

3° Les préposés des douanes sont autorisés à faire des recherches, excepté pendant la nuit, dans les maisons voisines des côtes et frontières, pour y saisir la contrebande qu'ils y ont vu entrer ; ils peuvent même, dans les villes et endroits de l'intérieur de la France, se transporter, le jour seulement, dans les maisons qui recèlent des marchandises prohibées. (LL. des 22 août 1791, tit. XIII, art. 36 ; 28 avril 1816, art. 60).

§ 2. *Culture du tabac.*

1° Nul ne peut se livrer à la culture du tabac, sans en avoir préalablement obtenu la permission d'une commission spéciale. Cette commission est composée de cinq membres, savoir : le préfet, le directeur des contributions indirectes, un agent supérieur du service de culture, un membre du conseil général et un membre du conseil d'arrondissement [1] (L. du 28 avril 1816, 12 février 1835).

2° Les cultivateurs sont tenus d'arracher et de détruire, immédiatement après la récolte, les tiges et souches de leurs plantations (L. du 28 avril 1816, art. 196).

3° Les tabacs plantés sans autorisation sont détruits aux frais des cultivateurs, sur l'ordre du préfet et à la réquisition du contrôleur des contributions indirectes. En cas de contraventions aux précédentes dispositions, l'amende est de 50 fr. par 100 pieds de tabac, si la plantation est faite sur un terrain ouvert, et de 150 fr. si le terrain est clos de murs; cette amende ne pourra toutefois excéder 3000 fr.

§ 3. *Exploitation du sel.*

1° Aucune exploitation de mines de sel, de sources ou de puits d'eau salée ne peut avoir lieu sans une autorisation du gouvernement (L. du 17 juin 1840).

2° Aucune fabrique de sel ou exploitation de marais salants ne peut être établie sans permission de l'administration des douanes (L. du 24 avril 1806, art. 51; Av. du cons. d'État du 17 juin 1815).

[1] Cette prohibition n'a jamais qu'un caractère temporaire; la dernière loi en cette matière, celle du 23 mai 1862 en a prorogé la durée jusqu'au 1er janvier 1873.

SECONDE PARTIE.

Servitudes établies par la loi pour l'utilité des particuliers.

Aliéner une partie de sa propre liberté pour n'être pas gêné par la liberté absolue des autres, telle est, avons-nous dit, la nécessité que la condition sociale nous impose dans nos rapports avec nos semblables.

Il est de la mission du législateur d'imposer les sacrifices que chacun doit supporter pour l'utilité et l'agrément de tous : « La loi assujettit les propriétaires à différentes obligations l'un à l'égard de l'autre, indépendamment de toute convention » (C. Nap., art. 651).

Ces servitudes ont donc pour but de régler entre les propriétaires voisins les relations de bienveillance et d'amitié, sans lesquelles la libre jouissance de la propriété ne saurait être possible.

C'est une grande mission que celle du législateur qui eut à présider à des rapports si intimes! C'est une tâche difficile et pénible que d'imposer des obligations de concorde et de bon voisinage à des hommes asservis par leurs vils intérêts, et divisés le plus souvent par des sentiments de jalousie et d'envie!

Le voisinage, en effet, « qui devrait être constamment une source de liaisons et de jouissances journalières, et l'aliment habituel d'un commerce de bons offices [1], » n'est-il pas, le plus souvent, un sujet toujours présent de querelles et de débats?

Parmi les servitudes qu'impose la loi pour l'utilité

[1] Albisson, *Rapport au Tribunat*, 7 pluviôse an XII.

des particuliers, il en est quelques-unes qui intéressent l'ordre public : elles sont imposées, ainsi que nous avons vu ci-dessus, par des lois et règlements qui sont du ressort du droit administratif[1].

Les autres, rentrant plus particulièrement dans le domaine du droit privé, sont régies par le Code Napoléon. « Elles sont relatives au mur et au fossé mitoyens[2], au « cas où il a lieu à contre-mur, aux vues sur la pro- « priété du voisin, à l'égout des toits, au droit de pas- « sage » (Art. 652).

SECTION PREMIÈRE.

DE LA MITOYENNETÉ.

Il y a mitoyenneté quand la clôture placée sur la ligne divisoire de deux héritages appartient communément à chacun des propriétaires contigus. Cette copropriété consiste dans l'indivision de la chose commune, qui dans sa totalité et dans chacune de ses parties, *to-*

[1] Les servitudes, *réglées par les lois sur la police rurale*, auxquelles nous renvoie l'art. 652 du Code Napoléon, ne sont autres, ce nous semble, que certaines servitudes d'intérêt public dont les moyens de contrainte appartiennent aux agents de l'administration municipale chargés de veiller à la paisible jouissance de la propriété privée. Ces servitudes ont été réglées pour la plupart par le titre II de la loi du 28 septembre au 6 octobre 1791, qui prononça des amendes ; 1° contre les délinquants aux dispositions de la loi restrictive de la propriété foncière dans l'intérêt public ; 2° contre ceux qui porteraient d'injustes atteintes à la libre jouissance de la propriété d'autrui.

[2] Quelques commentateurs font observer que les dispositions relatives à la mitoyenneté des murs, des fossés etc., étant plutôt des effets de la copropriété ou du voisinage, que de véritables servitudes, auraient été mieux placées dans le titre *de la propriété et des consé quences qui en résultent* (Pardessus, t. 1, p. 8)

tum in toto et in qualibet parte, appartient à plusieurs personnes, sans qu'on puisse déterminer la portion qui est propre à chacune d'elles[1].

Toutefois la mitoyenneté constitue une communauté *sui generis* qui, sous plusieurs rapports, diffère essentiellement de la communauté ordinaire. Elle en diffère :

1° Quant à sa durée. L'indivision ordinaire constitue, dans la propriété, une incertitude pleine de dangers et d'inconvénients ; il importe donc de la faire cesser au plus vite. De là, ce principe consacré par l'art. 815 : « Nul n'est tenu de rester dans l'indivision. » La mitoyenneté, au contraire, est en quelque sorte d'ordre public, tant est grande son utilité ; lors donc qu'elle existe, aucun des copropriétaires n'a le droit de la faire cesser par un partage auquel son copropriétaire ne veut pas souscrire. Celui des deux auquel pèse cette indivision, ne peut en sortir que par l'abandon du droit indivis qu'il a dans la chose commune[2] (art. 656).

2° Quant à ses effets. Lorsqu'une chose ordinaire est indivise entre deux personnes, chacune d'elles a bien le droit d'en user, mais il ne lui est point permis d'y faire des innovations sans le consentement de son copropriétaire. A chacune d'elles appartient un droit de veto, qui paralyse les actes par lesquels l'autre voudrait apporter quelque changement à la chose commune. Ce droit d'innovation existe au contraire en matière de

---

[1] Pothier, *Cout. d'Orl.* — *Contra :* Pothier, *Ad Pand.*, *De serv. urb. præd.*, t. I, p. 367, note 7, et *Cout. de sou.*, append., n° 199; Toullier, t. II, n° 183: Taurier, t. II, p. 378.

[2] Voy. L. 19, § 1, *Comm. div.*; Cass., 10 décembre 1823; Seguin, *Dig.*, t. I, 1823, p. 490.

mitoyenneté, puisque chacun de ceux entre lesquels une chose est mitoyenne peut, en général, en tirer, même en la modifiant, tous les avantages qu'elle peut procurer, sous la seule condition de ne pas nuire aux droits de son copropriétaire.

3° Quant à la manière de l'acquérir. En principe, nul ne peut être contraint de céder sa propriété, si ce n'est pour cause d'utilité publique ; mais une exception est admise en faveur de la mitoyenneté. Lorsqu'un propriétaire a bâti seul un mur de clôture, le propriétaire voisin peut en acquérir la mitoyenneté, même sans le consentement de celui qui l'a construit, mais à charge d'indemnité (art. 661).

4° Quant à sa preuve. Nous trouverons, en effet, un système de preuves basé sur des présomptions légales relatives à la mitoyenneté des murs.

La séparation mitoyenne entre deux héritages peut être : 1° un mur ; 2° un fossé ; 3° une haie. Nous étudierons aussi dans cette section : 4° le cas où les divers étages d'une maison appartiennent divisément à plusieurs personnes ; 5° la distance à observer dans la plantation des haies et des arbres.

CHAPITRE Ier.

DE LA MITOYENNETÉ DES MURS.

« Chez les peuples naissants, la dépendance des habitations est nulle ; chaque famille s'isole, et le peu de prix qu'on attache aux terrains lui permet de mettre un grand espace entre elle et les familles voisines ; une maison est alors comme une île qu'un intervalle sépare du rivage prochain[1].

[1] Albisson, *Rapport au Tribunal*, 7 pluviôse an XII.

Cette considération explique le silence du Droit romain sur la mitoyenneté. A Rome, la constitution même de la famille justifie la rareté des relations privées; chaque famille est une véritable société dans l'ordre public, dans l'ordre religieux, dans l'ordre privé; la personnalité de tous ses membres s'absorbe dans celle de son chef, qui détient une portion de la puissance publique. Le paterfamilias gouverne sans contrôle et n'est contrarié par personne dans l'exercice des droits étendus que lui a conférés la loi des Douze-Tables. Les citoyens se rencontrent aux comices, quand il s'agit de délibérer sur les affaires publiques; hors de là, aucune relation, aucune communication ne s'établit entre eux.

Société indépendante pour l'exercice des droits privés, la famille occupe une résidence qui prévient jusqu'à la possibilité des relations extérieures : les maisons sont bâties loin les unes des autres; on les appelle îles, *insulæ*. La loi elle-même, afin d'éviter tout froissement, prescrit qu'entre chaque habitation on réserve un intervalle assez spacieux, un terrain neutre qu'on appelle *ambitus* (Loi de Solon rapportée au *Dig.*, L. 13, *fin regund.*; *Cod.*, lib. XII, *De æd priv.*, § 2).

Les mœurs publiques et la loi prohibaient donc la contiguïté des maisons, et si, par la force des circonstances, lors du plus grand développement de Rome, quelques bâtiments ont été adossés l'un à l'autre, la mitoyenneté des murs ne pouvait résulter que de conventions particulières[1].

La mitoyenneté est d'origine toute nationale: elle est

---

[1] Paul., *Sent.*, lib. V, tit. X, § 2; *Dig.*, lib. VIII, *De serv. præd. urb.*; L. 35, 36, 37 et 39, *De damno inf.* etc.

née sur le sol français. C'est à nos anciennes coutumes, et notamment à celle de Paris, que les législateurs de 1804 empruntèrent les règles qu'ils tracèrent à cet égard.

§ 1er. *Quels murs sont mitoyens.*

La mitoyenneté des murs s'établit :
1° Par construction ;
2° Par acquisition ;
3° Par présomptions légales.

I. *Construction mitoyenne.* Un mur est mitoyen quand deux propriétaires voisins se sont volontairement réunis pour le construire à frais communs, et sur la ligne séparative de leurs héritages.

L'un des propriétaires voisins peut contraindre l'autre à la construction d'un mur de séparation : on dit alors qu'il y a *clôture forcée*[1] (art. 661).

Ce droit n'est accordé qu'aux habitants des villes et des faubourgs. Cette mesure contribue à la régularité et à l'embellissement des villes. Elle procure, en outre, aux habitants la sûreté de leurs biens et de leurs personnes, malgré l'insouciance ou la mauvaise volonté de quelques voisins, et sans perte de terrains.

Dans les campagnes, nul ne peut être contraint de se clore. La nécessité de clôture ne s'y fait pas sentir aussi impérieusement que dans les villes et faubourgs, où la sécurité publique est vivement intéressée à leur établissement[2].

---

[1] Ce principe, ainsi que le droit qu'il consacre, est d'ordre public ; l'obligation qui en dérive, loin d'être une obligation de droit privé, ainsi que l'avait décidé la Cour de Rouen, par arrêt du 24 février 1844, repose sur des motifs d'intérêt public (Limoges, 26 mai 1836 ; Amiens, 18 août 1838).

[2] Demolombe, t. 11, n°

C'est en général à l'autorité administrative qu'il appartient de déterminer les caractères auxquels on peut distinguer les villes des communes auxquelles cette qualification n'appartient pas. Les tribunaux peuvent, pour statuer sur les différends qui leur sont soumis, décider cette question sans consulter l'administration[1]. Mais c'est exclusivement à l'autorité administrative qu'il appartient de décider jusqu'où s'étendent les faubourgs d'une ville; c'est une question de circonscription territoriale dont les tribunaux ne peuvent aucunement connaître[2].

La hauteur de la clôture est fixée suivant les règlements particuliers ou les usages constants et reconnus.

A défaut d'usages et de règlements, elle doit être de 10 ou de 8 pieds au moins, suivant que la ville où le mur est construit a plus ou moins de cinq mille habitants. Il est à remarquer, du reste, que la loi ne fixe la hauteur de la clôture que pour le cas où les deux propriétaires ne se sont point entendus sur ce point.

II. *Acquisition de la mitoyenneté.* Lorsqu'un mur de clôture a été construit par un propriétaire, à ses frais et sur son terrain, le voisin peut en acquérir la mitoyenneté en payant la moitié de la valeur tant de la maçonnerie que du terrain qui le supporte.

Cette acquisition peut se faire même sans le consentement de celui qui a construit, mais à charge d'indemnité (art. 661). La propriété est ici sacrifiée dans un intérêt particulier, mais ce sacrifice est si peu onéreux pour celui qui le subit, et si utile à celui qui en

---

[1] Aubry et Rau, t. II, n° 240, note 2; Lassaulx, III, 294; Pardessus, n° 147; Delvincourt, sur l'art. 663; Duranton, V, 319.

[2] Aubry et Rau, II, n° 240, note 3; Pardessus, n° 148.

profité, que le législateur n'a pas dû hésiter à l'admettre. On évite ainsi la construction de murs inutiles et la perte du terrain qu'ils auraient occasionnée [1].

On peut acquérir la mitoyenneté, soit d'un mur en son entier, soit d'une partie seulement de sa hauteur ou de sa longueur, ou même de son épaisseur.

Le prix de l'indemnité se compose: 1° de la moitié de la valeur du terrain sur lequel le mur est construit; 2° de la moitié de la valeur actuelle du mur ou de la partie du mur dont on acquiert la mitoyenneté.

Il se présente ici une question qui divise les plus éminents jurisconsultes: dans les lieux où la clôture est forcée, un propriétaire, ayant construit un mur de clôture, peut-il contraindre son voisin à lui rembourser la moitié du prix du terrain et des frais de construction? Malgré l'autorité des opinions contraires [2] nous n'hésitons pas à admettre l'affirmative, qui nous semble plus conforme aux dispositions de la loi en cette matière et au principe énoncé en l'art. 1375 du Code Napoléon [3].

III. *Présomptions légales de mitoyenneté.* A défaut de titres [4] constatant la mitoyenneté ou la non-mitoyenneté d'un mur servant de séparation entre deux héritages, la loi s'attache à certaines présomptions, à certains

---

[1] Cette faculté n'est attribuée qu'au propriétaire *joignant ce mur*. On ne doit cependant tenir compte de l'espace compris entre le mur et la propriété voisine qu'autant qu'il est assez considérable pour que le propriétaire auquel il appartient puisse en retirer quelque utilité (Pardes., Val., Marc.) *Contra* : Duranton, Duc.)

[2] Toullier.

[3] Pardessus, I, n° 152; Delvincourt, I, p. 192; Duranton, III, p. 258.

[4] La mitoyenneté ne peut résulter du simple témoignage (Angers, 3 janvier 1850; Pardessus, I, n° 161, Duranton, V, n° 308).

signes, à l'aide desquels elle tire, par induction, la preuve de la mitoyenneté ou de la non-mitoyenneté.

Ces présomptions reposent toutes sur cette donnée : le constructeur du mur est celui auquel il profite : *is fecit cui prodest*. Le mur est-il également utile aux deux propriétaires voisins, il est réputé avoir été construit à frais communs. Ne sert-il qu'à l'un d'eux, c'est celui-ci qui est présumé en avoir fait seul tous les frais.

De là sont tirées les présomptions de mitoyenneté et de non-mitoyenneté.

Présomptions de mitoyenneté. Le mur est réputé mitoyen :

1° *Entre bâtiments jusqu'à l'héberge.* L'héberge est la partie supérieure du toit le moins élevé. Ainsi, le mur n'est réputé mitoyen que jusqu'au point où deux bâtiments de hauteurs inégales peuvent profiter tous deux du mur commun.

2° *Entre cours et jardins;* soit que le mur sépare deux cours, ou un jardin et une cour, ou deux jardins.

3° *Entre enclos* de même nature ou de natures différentes, sis dans les villes ou à la campagne, car la loi ne distingue pas. Il suffit que les deux fonds soient clôturés, mais cette condition est essentielle.

Le mur qui sépare un bâtiment d'un autre fonds appartient donc en entier au propriétaire du bâtiment[1].

La présomption de mitoyenneté cesse quand il y a marque de non-mitoyenneté.

Présomptions de non-mitoyenneté. Il y a marque de non-mitoyenneté :

[1] Aubry et Rau, II, p. 44; Pardessus, n° 159; Lassaulx, III, 267; Toullier, III, 188; Merlin, *Rép. de jurisp.*, Mitoyenneté, § 1, n° 5; Duranton, V, n° 303.

1° Lorsque la sommité du mur est perpendiculaire d'un côté, et présente de l'autre un *plan incliné*. Dans ce cas, le mur jette ses égouts d'un seul côté, du côté où se trouve le plan incliné; il est réputé appartenir exclusivement au propriétaire de ce côté, car si le mur n'eût pas été sa propriété exclusive, il ne se fût pas chargé seul de l'égout, qui est un inconvénient.

2° Lorsqu'il y a d'un côté un *chaperon* ou des *filets*. Le *chaperon* est une espèce de toit placé au sommet du mur; le *filet* est la partie du chaperon qui déborde le mur pour prévenir les dégradations qu'entraînerait la chute de l'eau. Lorsque le chaperon n'existe que d'un côté, le mur présente un plan incliné, comme dans le premier cas. Cette marque de non-mitoyenneté se confond avec la première et donne lieu à la même solution.

3° Lors encore qu'il n'existe que d'un côté des *corbeaux* de pierre, c'est-à-dire des pierres en saillie destinées à supporter les poutres ou solives d'un bâtiment que l'on construit ou que l'on construira plus tard contre ce mur, le mur est présumé appartenir exclusivement au propriétaire du côté où sont les corbeaux; si, en effet, le mur avait été construit à frais communs, il est probable que l'autre voisin aurait voulu avoir sa part des avantages du mur, et qu'ainsi il aurait également fait placer des corbeaux de son côté.

Ces marques de non-mitoyenneté ne font preuve qu'autant qu'elles ont été placées dans le mur au moment de sa construction. Autrement ne serait-il pas très-facile à l'un des voisins de mettre à néant les présomptions de mitoyenneté qui peuvent exister au profit de l'autre, en établissant à son insu des corbeaux en plâtre de son côté [1]?

Il nous semble que cette énumération des marques auxquelles la loi a attaché l'effet d'une présomption de non-mitoyenneté ne peut être que limitative : la preuve par présomption est, en effet, une preuve exceptionnelle, qui, à ce titre, ne s'applique jamais qu'aux cas pour lesquels elle a été spécialement organisée (art. 1350 [2]).

Ajoutons qu'il y a encore présomption de non-mitoyenneté, quand il y a preuve de la possession exclusive du mur pendant trente ans au moins (arg. art. 670).

§ 2. *Charges de la mitoyenneté.*

Les charges de la mitoyenneté sont les mêmes que celles de la copropriété des choses. Chacun des copropriétaires est tenu de veiller à la conservation du mur avec le même soin que s'il en était seul et unique propriétaire ; les réparations sont supportées par tous ceux entre lesquels le mur est mitoyen, et proportionnellement aux droits de chacun.

L'un des copropriétaires ne peut, avant d'avoir au préalable demandé le consentement de l'autre, ou fait régler par expert les moyens nécessaires pour ne pas nuire aux droits de celui-ci, ni pratiquer dans le corps

[1] Pothier, *Cont. de soc.*, n° 205; Pardessus, I, n° 163.

[2] Quelques auteurs pensent que la non-mitoyenneté peut être établie par tous les indices propres à la confirmer, par témoins et même par de simples présomptions, si la valeur du mur en litige n'excède pas 150 fr., ou s'il existe un commencement de preuve par écrit (Mourlon, *Rep. écr.*, III, p. 822).

du mur mitoyen aucun enfoncement, ni y appliquer ou appuyer aucun ouvrage [1].

Toutefois, comme ces charges ne sont que des conséquences de la propriété, chacun des copropriétaires peut s'en affranchir en abandonnant le droit qu'il a dans le mur et dans le sol qui le supporte. Cette faculté d'abandon est refusée : 1° au propriétaire d'un bâtiment soutenu par ce mur; dans ce cas, l'abandon ne serait que fictif, puisque le renonçant continuerait à profiter du mur sans en supporter les charges [2]; 2° au propriétaire du fait duquel proviennent les dégradations; car le propriétaire qui est en faute doit supporter seul toute la dépense, à laquelle il est tenu, non plus *propter rem*, mais à cause du quasi-délit qu'il a commis [3].

§ 3. *Droits que confère la mitoyenneté.*

La loi divise en trois classes les travaux que chacun des propriétaires peut faire sur ou contre un mur mitoyen.

I. Chaque voisin peut, même à l'insu de son copropriétaire, et sans son consentement :

1° Adosser des plantations et des constructions contre le mur mitoyen [4].

[1] Voy. sur la procédure d'expertise, Pardessus, n° 179; Toullier, III, 207; Lalaure, III, 287.

[2] Pardessus, n° 168; Toullier, III, 219; Delvincourt, I, p. 400; Duranton V, 318; Demolombe, n°ˢ 388 et 389.

[3] Aubry et Rau, II, n° 239; Toullier, III, 220.

[4] Celui dont le fonds joint un mur non mitoyen ne jouit pas de cet avantage (Duranton, V, 320; Paris, 30 janvier 1811; Demolombe, n° 397).

2° Y faire placer des poutres ou solives dans toute l'épaisseur du mur, à 54 millimètres près, sans préjudice du droit qu'a le voisin de faire réduire à l'ébauchoir la poutre jusqu'à la moitié du mur, dans le cas où il voudrait lui-même asseoir des poutres dans le même lieu ou y adosser une cheminée [1].

3° Faire exhausser le mur dont il veut se servir pour y adosser une construction ou pour tout autre motif [2]. Le propriétaire qui fait exhausser le mur devra : 1° faire seul la dépense de l'exhaussement; 2° prendre à sa charge les frais d'entretien de cette partie, qui cesse d'être mitoyenne; 3° payer à son voisin une indemnité pour les détériorations que pourra occasionner au mur mitoyen la surcharge de l'exhaussement [3].

Si le mur mitoyen n'est pas en état de supporter l'exhaussement, celui qui veut l'exhausser doit le faire reconstruire en entier à ses frais, et l'excédant d'épaisseur doit se prendre sur son terrain.

II. Chacun des propriétaires ne peut qu'avec le consentement de l'autre, ou, sur son refus, d'après un règlement d'experts, pratiquer dans le corps d'un mur mitoyen aucun enfoncement, ni y appliquer aucun ouvrage [4].

III. L'un des voisins ne peut qu'avec le consentement de l'autre, que ne peut suppléer un règlement d'experts, pratiquer dans le mur mitoyen une fenêtre ou ouverture, même à verre dormant [5].

[1] Voy. toutefois, quant aux cheminées, l'art. 674.
[2] Aubry et Rau, n° 239, note 10.
[3] Cour de Metz, arr. du 12 juin 1805; Demolombe, n° 398.
[4] Demolombe, n° 411; Pardessus, I, n° 172; Toullier, II, n° 206; Demante, II, n° 514.
[5] Demolombe, n° 414; Pothier, *De la soc.*, n° 218.

CHAPITRE II.

MITOYENNETÉ DES FOSSÉS.

Les fossés qui se trouvent sur la ligne séparative de deux héritages sont réputés mitoyens.

Cette présomption de mitoyenneté cesse :

1° Quand il y a un titre contraire, c'est-à-dire un titre qui attribue à l'un des propriétaires le domaine exclusif du fossé.

2° Quand il y a marque du contraire. Il y a indice de non-mitoyenneté quand la levée ou le rejet de la terre se trouve seulement d'un côté du fossé, auquel cas le fossé est réputé être la propriété de celui du côté duquel le rejet se trouve [1].

Le fossé mitoyen doit être entretenu à frais communs, sauf le droit qu'a chaque propriétaire de se décharger de cette obligation en abandonnant la mitoyenneté [2]. Toutefois ce droit d'abandon n'appartiendrait pas au propriétaire du fond auquel le fossé sert d'écoulement, ni à celui par le fait duquel le fossé a été comblé [3].

CHAPITRE III.

MITOYENNETÉ DES HAIES.

Toute haie qui sépare deux héritages est réputée mitoyenne.

Cette présomption de mitoyenneté cesse :

1° S'il existe un titre prouvant que la haie appartient exclusivement à l'un des propriétaires.

---

[1] « Qui a donne, si a fossé » Loizel, *Institut. coutumières*, liv. II, tit. II, art. 7 ; Lassaulx, III, 274 ; Pardessus, n°° 183 et 184.

[2] Pardessus, n° 184.

[3] Aubry et Rau, n° 239, note 24.

2° Lorsqu'un seul des héritages séparés par la haie est en état de clôture. C'est une présomption de non-mitoyenneté; dans ce cas, la haie est réputée être la propriété exclusive du propriétaire de l'héritage clôturé; il est naturel de supposer qu'il l'a établi seul, puisque seul il a eu intérêt à l'établir.

3° Lorsqu'il y a eu possession suffisante de non-mitoyenneté. Cette possession doit être trentenaire, car la présomption de mitoyenneté ne fléchit pas devant la saisine possessoire ou simple possession annale, mais seulement devant l'usucapion accomplie[1].

La haie mitoyenne doit être entretenue à frais communs.

L'arbre qui se trouve dans une haie mitoyenne est comme elle mitoyen, c'est donc par portions égales que les propriétaires doivent partager les fruits qu'il produit quand il est sur pied, et le bois qu'il donne quand il est abattu.

Comme ces arbres peuvent devenir la source de contestations, chaque propriétaire a le droit de requérir qu'ils soient abattus[2].

CHAPITRE IV.

DU CAS OÙ LES DIVERS ÉTAGES D'UNE MAISON APPARTIENNENT DIVISÉMENT A PLUSIEURS PERSONNES.

Cette communauté de propriété, qui se présente fort rarement dans la pratique, ne saurait présenter les moindres caractères d'une servitude. Nous ne pour-

[1] Aubry et Rau, 239, note 25; Bourges, 26 mai 1825; Amiens, 7 juillet 1830. *Contrà :* Pardessus, n°ˢ 183 et 188; Toullier, III, 299.
[2] Pardessus, n° 189.

rions donc pas justifier la position qu'occupent dans notre titre les dispositions relatives à cette copropriété, que les législateurs du Code ont puisées dans la coutume d'Orléans.

Si le titre règle le mode des réparations et des reconstructions, ce règlement fait loi entre les parties.

A défaut de titre, les charges de cette copropriété sont ainsi réglées :

1° Les gros murs, le toit et généralement tout ce qui sert à la solidité de l'édifice ou aux besoins communs des copropriétaires[1], sont à la charge de tous, qui y contribuent chacun en proportion de la valeur de l'étage qui lui appartient.

2° Le propriétaire de chaque étage fait le plancher sur lequel il marche.

3° Le propriétaire de chaque étage fait et entretient l'escalier qui conduit chez lui, à partir du précédent étage[2].

CHAPITRE V.

DE LA DISTANCE A OBSERVER DANS LA PLANTATION DES ARBRES ET DES HAIES.

Un propriétaire peut établir un mur, un fossé ou une haie sèche[3] sur la dernière limite de son héritage : la loi n'a prescrit aucune distance à observer.

Il n'en est pas de même des arbres et des haies vives; leur établissement sur la dernière limite de l'héritage

[1] Lyon, 5 février 1834, Crép., *D.*, 1834, II, 153; Demolombe, I, 427; Marcadé, art. 664; Demante, II, n° 519.

[2] Basnage, sur l'art. 617 de la Coutume de Normandie.

[3] Une haie est vive ou sèche, suivant qu'elle a ou non des racines en terre.

causerait au voisin un tort trop grave pour être toléré. La loi a donc, dans l'intérêt de l'agriculture, prescrit certaines distances qui doivent être laissées entre les plantations et la dernière limite du terrain sur lequel elles sont faites.

Cette distance varie suivant les plantations: s'il s'agit d'arbres de haute tige, elle est de deux mètres; elle est d'un demi-mètre pour les autres arbres et les haies.

Cette distance peut être moindre :

1° Lorsqu'il existe sur cette matière des usages ou des règlements locaux;

2° Lorsque la distance des plantations a été réglée par l'effet d'un testament ou d'une convention;

3° Par l'effet d'une prescription. Lorsque les arbres plantés trop près de l'héritage voisin existent depuis trente ans, le propriétaire du terrain sur lequel ils sont a le droit de les conserver[1] (Amiens, 21 déc. 1821. — Toulouse, 26 déc. 1826).

Lorsque des arbres plantés à une distance moindre que celle qui est prescrite par la loi, existent depuis moins de trente ans et sans titre, le propriétaire voisin peut exiger qu'ils soient abattus.

Celui sur la propriété duquel avancent les branches des arbres du voisin, peut contraindre celui-ci à couper ces branches (Civ. cass., 15 février 1811, Sir., XI, 1, 242). Si ce sont des racines qui avancent sur son héritage, il a le droit de les couper lui-même.

Les fruits pendant aux branches qui avancent sur le terrain du voisin, appartiennent au propriétaire de l'arbre; mais il ne peut venir sur ce fond pour en faire

---

[1] Lassaulx, III, 512; Toullier, III, 515; Pardessus, n° 195; Troplong, *De la prescription*, I, 346.

la récolte; d'un autre côté, le voisin sur le fond duquel se trouvent ces branches n'a pas le droit non plus d'en cueillir les fruits; de sorte que, à moins de concessions réciproques, ils périront sur place.

Si les fruits tombent de mâturité, le Code ne donnant pas à leur propriétaire le droit de réclamer le passage nécessaire pour aller les ramasser, on doit considérer comme abolie la servitude *glandis legendæ* que le Droit romain avait établie à cet effet[1].

SECTION II.

DE LA DISTANCE ET DES OUVRAGES INTERMÉDIAIRES REQUIS POUR CERTAINES CONSTRUCTIONS.

Plusieurs coutumes exigeaient autrefois l'emploi de certaines précautions de la part du propriétaire qui voulait faire sur son héritage des travaux susceptibles de nuire au mur mitoyen ou au mur d'autrui (*Cout. de Paris*, art. 188, 192 et 217; *Cout. de Normandie*, art. 612-614; *Cout. de Nivernais*, titre *Des maisons et servit.*, art 11-13.

C'est évidemment à leur exemple que le Code prévoit quatre espèces principales d'entreprises qui peuvent être faites par le propriétaire voisin d'un mur :

1° Creuser un puits ou une fosse d'aisance;

2° Construire une cheminée ou âtre, une forge ou un fourneau;

3° Adosser une étable;

4° Établir contre le mur un magasin de sel ou amas de matières corrosives[2].

[1] Aubry et Rau, II, § 242. *Contrà :* Merlin, *Rép.*, v° *Arbre*, § 8; Lassaulx, III, 306; Pardessus, n° 196, et Toullier, III, 547.

[2] Cette énumération n'a pas été conçue dans un sens limitatif (Aubry et Rau, § 243).

Le propriétaire qui entreprend ces ouvrages « est obligé de laisser la distance prescrite par les règlements et usages particuliers sur ces objets, ou à faire les ouvrages prescrits par les mêmes règlements et usages, pour éviter de nuire au voisin [1]. »

Parmi ces prohibitions, les unes sont prescrites dans l'intérêt de l'utilité générale, pour prévenir des incendies ou autres accidents qui pourraient être nuisibles à la société; les autres, dans un intérêt purement privé, pour empêcher la dégradation du mur près duquel les travaux sont faits.

Il suit de cette distinction, qui dans la pratique donne lieu à de nombreuses difficultés :

1° Que les premières s'appliquent alors même que le constructeur est exclusivement propriétaire du mur près duquel il établit ces travaux; les secondes ne s'appliquent qu'au cas où le mur est mitoyen ou appartenant à autrui;

2° Que les parties ne peuvent pas, par des conventions, renoncer aux premières, tandis qu'elles sont libres de modifier les autres;

3° Que le propriétaire qui a fait des constructions nuisibles, sans observer les distances, peut acquérir, après trente ans de possession, le droit de les conserver dans l'état où elles sont, quoiqu'elles blessent l'intérêt privé du voisin. Il n'en est pas de même des travaux qui pourraient nuire à la société; on ne prescrit pas contre ce qui est d'ordre public [2].

[1] Les mesures prescrites par ces usages et règlements ne sont pas les seules qui puissent être imposées à celui qui fait exécuter ces travaux (Metz, 16 août 1820, Sir. XXI, 2, 154).

[2] Pardessus, n° 201; Delvincourt, II, p. 402, notes; Dalloz, *Servit.*, sect. III, art. 4.

Si, malgré l'observation des mesures requises par les règlements et usages ou ordonnées par les tribunaux, le voisin éprouve un dommage quelconque, il lui est toujours dû réparation, conformément à l'art. 1382[1].

On doit encore suivre sur ce point les dispositions éminemment rationnelles du Droit romain, en considérant comme dommageables dans ce sens tous les travaux qui seraient de nature soit à transmettre à l'héritage voisin des substances quelconques, soit à y entraîner des éboulements de terre et de constructions[2].

SECTION III.

DES VUES SUR LA PROPRIÉTÉ DE SON VOISIN.

On peut pratiquer des ouvertures aux fenêtres dans un bâtiment, soit de manière à donner vue sur le dehors et à laisser pénétrer l'air extérieur, soit de manière à ne permettre que l'entrée du jour. Au premier cas, ces ouvertures sont appelées *vues* ou *jours libres*, parce qu'elles sont à fenêtres ouvrantes; au second, on les nomme *jours à verre dormant*, c'est-à-dire à verre incrusté dans un chassis qui ne s'ouvre pas, ou simplement *jours* (Metz, 10 novembre 1808, Sir., XXI, 2, 154).

Les vues libres se subdivisent à leur tour : elles sont dites *droites* ou *obliques*, suivant que le mur dans lequel les ouvertures sont établies est parallèle ou perpendiculaire à la ligne séparatrice de deux héritages[3].

[1] Aubry et Rau, § 243.

[2] *In suo alii hactenus facere licet, quatenus nihil in alienum immittat fumi autem sicut aquæ est immissio*, Dig., lib. VIII, *Si serv. vind.*, 5; Toullier, III, 334.

[3] Lassaulx, III, 308; Pardessus, n° 202.

Les jours libres ou à fenêtres ouvrantes sont, pour le voisin qui les subit, plus incommodes que les jours à verre dormant. En le livrant à l'espionnage incessant et à la curiosité indiscrète des habitants de la maison où ils sont établis, les premiers l'inquiètent et le gênent dans la liberté de ses actions et de ses moindres mouvements ; ils l'exposent, en outre, à recevoir sur son fonds les résidus ou immondices que les voisins peuvent jeter par leurs fenêtres.

Les seconds ne présentent que le premier de ces inconvénients.

Les vues libres elles-mêmes n'ont pas toutes le même degré d'incommodité. Celles qui sont droites sont plus gênantes, plus dures à supporter que les vues obliques. Les vues sont, en effet, d'autant plus incommodes pour le voisin qui les subit, qu'elles sont plus commodes et plus faciles pour celui qui les exerce ; or la vue droite est assurément plus agréable, plus facile que la vue oblique : dans le premier cas, l'observateur peut voir, sans changer de place, le fonds de son voisin ; dans le second, il est obligé de se tourner de côté pour l'apercevoir.

La loi, dans l'intérêt des particuliers, qu'elle voulait affranchir autant que possible de ces inconvénients, a établi certaines prescriptions ; et, comme il y a des degrés dans les inconvénients qu'elle voulait prévenir ou paralyser, il y a aussi des degrés dans la rigueur de ses dispositions. Tel est l'esprit de la loi en cette matière.

La loi distingue en conséquence : 1° les murs mitoyens ; 2° les murs non mitoyens. Ceux-ci se subdivisent à leur tour, suivant qu'ils joignent ou qu'ils ne joignent pas immédiatement l'héritage du voisin.

§ 1er. *Murs mitoyens.*

« L'un des voisins ne peut, sans le consentement de l'autre, pratiquer dans le mur mitoyen aucune fenêtre ou ouverture, en quelque manière que ce soit, même à verre dormant » (art. 675).

§ 2. *Murs non mitoyens.*

1° Le propriétaire de ce mur peut toujours, c'est-à-dire alors même que son mur joint immédiatement l'héritage voisin, y pratiquer des jours à verre dormant.

Ces jours doivent être garnis d'un treillis de fer à mailles d'un décimètre d'ouverture au plus, afin que le propriétaire ne puisse ni s'introduire ni rien jeter chez le voisin.

Ils ne peuvent être établis qu'à huit pieds au-dessus du plancher ou du sol de la chambre qu'on veut éclairer, si c'est au rez-de-chaussée, et à six pieds au-dessus du plancher pour les autres étages, afin que le propriétaire ne puisse pas se procurer une vue trop facile sur l'héritage de son voisin [1].

2° Quant aux vues libres, il ne peut en établir qu'autant qu'il existe une certaine distance entre son mur et l'héritage voisin. Cette distance doit être de six pieds pour les vues droites, et de deux pieds pour les vues obliques.

Cette distance se compte :

Quant aux vues droites, depuis le parement extérieur

[1] L'ancien Droit ne soumettait à ces restrictions que les bâtiments des villes (Aubry et Rau, § 244, note 2; Merlin, *Exposé des motifs*; Toullier, III, 620).

du mur où l'ouverture se fait; et s'il y a balcon ou autres semblables saillies, depuis leur ligne extérieure jusqu'à la ligne de séparation des deux héritages [1].

Quant aux vues obliques, depuis le bord de la fenêtre le plus rapproché jusqu'à la ligne séparatrice.

Ces règles semblent applicables même au cas où les deux héritages sont séparés par un chemin public (Nancy, 25 novembre 1816) [2].

La défense d'établir des vues à une distance moindre que celle qui est prescrite par la loi s'applique entre héritages clos ou non clos, situés à la campagne ou a la ville; la loi ne distingue pas. Ces distances sont obligatoires, même à l'égard des jours ou fenêtres placés dans un simple mur de clôture.

Lorsque des jours ou fenêtres ont été établis à une distance moindre que celle qui est prescrite par la loi, le voisin a le droit de les faire fermer. Toutefois, s'il reste plus de trente ans sans l'exercer, la prescription étend son droit; mais jamais il ne perd le droit d'élever sur son héritage toutes les constructions qu'il juge convenables, dussent-elles obstruer entièrement les jours et les vues pratiquées dans ce mur. Ce principe s'applique même au cas où les vues auraient été pratiquées depuis plus de trente ans [3]. La libération, par prescription de la servitude active, n'emporte pas acquisition de la servitude active, *ne luminibus officiatur* [4].

---

[1] Lassaulx, III, 313 et 314.

[2] Aubry et Rau, § 244; Dalloz, *Serv.*, III, 4. *Contra:* Pardessus, § 204; Toullier, III, 528.

[3] Pardessus, nos 285, 292, 312; Merlin, *Servit.*, § 3; Dalloz, sect. III, art. 5. *Contra:* Duranton, V, 326.

[4] Aubry et Rau, II, § 244, note 10; Berlin, *Exposé des motifs.*

SECTION IV.

DE L'ÉGOUT DES TOITS.

Les fonds ne sont obligés de supporter le passage des eaux venant des fonds voisins qu'autant que ces eaux en découlent naturellement (art. 640). La même charge ne saurait subsister lorsque les eaux sont condensées artificiellement, comme celles qui tombent du toit d'une maison.

En conséquence nul ne peut établir ses toits de manière à ce que les eaux pluviales s'écoulent sur le fonds de son voisin. Il doit faire en sorte que ces eaux tombent sur son terrain ou sur la voie publique[1].

SECTION V.

DU DROIT DE PASSAGE.

L'intérêt général, comme l'intérêt des particuliers, ne permet pas qu'un fonds reste nécessairement inculte et abandonné. Or c'est précisément ce qui arriverait si le propriétaire dont le fonds n'a aucune issue sur la voie publique n'avait le droit de réclamer un passage sur les fonds de ses voisins.

Mais en accordant ce droit au propriétaire enclavé, la loi dut éviter deux dangers: 1° attenter au droit de propriété en refusant toute espèce d'indemnité pour le dommage occasionné par cette servitude; 2° grever les héritages intermédiaires d'une charge très-lourde lorsqu'il est possible d'alléger cette charge.

[1] Pardessus, 214. Cette règle souffre une exception en faveur de celui qui a acquis une servitude de gouttière ou d'égout, *Servitus stillicidii, vel fluminis recipiendi;* Toullier, III, 640 et suiv.

Aussi a-t-elle statué :

1° Que le propriétaire du fonds enclavé devra payer une indemnité proportionnée au préjudice qu'il cause;

2° Que le passage doit être pris du côté où le trajet est le plus court du fonds enclavé à la voie publique, ou, du moins, de la manière la moins préjudiciable à celui sur le fonds duquel il est pris.

Cette servitude intéressant l'ordre public, le droit de réclamer le passage nécessaire est imprescriptible. Au contraire, le droit de réclamer l'indemnité due à raison du passage est sujette à la prescription de trente ans, qui commence à courir à dater du jour où le passage a été exercé[1].

Nous pouvons citer encore deux servitudes légales de passage dont le Code ne fait pas mention :

1° Le propriétaire d'un essaim d'abeilles a le droit de le réclamer et de s'en ressaisir, tant qu'il ne l'a point perdu de vue en le suivant (L. du 28 septembre-6 octobre 1791, tit. Iᵉʳ, sect. III, art. 5).

2° Le propriétaire d'objets enlevés par la violence des eaux peut passer sur le terrain d'autrui pour les repêcher (*Dig.*, lib. X, tit. IV, § 4).

[1] Aubry et Rau, S 246; *Req. rej.*, 23 août 1827, Sir., XXVIII, 1. 111; Pardessus, n° 224; Duranton, V, 429 et 430.

H.

DROIT COMMERCIAL.

De la forme de procéder devant les Cours impériales.

(Code de commerce, liv. IV, tit. IV.)

L'appel est admis contre les jugements rendus par les tribunaux de commerce quand l'affaire n'était pas de nature à être jugée en dernier ressort.

La compétence des tribunaux de commerce pour juger en dernier ressort est déterminée par l'art. 639 du Code de commerce, modifié par la loi du 3 mars 1840.

Dans les causes où les tribunaux de commerce ne peuvent prononcer qu'en premier ressort, les jugements sont sujets à appel, quand bien même ils seraient qualifiés en dernier ressort; réciproquement, l'appel ne pourrait être valablement interjeté, quoique le jugement fût qualifié en premier ressort, si l'objet de la contestation était de nature à être jugé sans appel (C. de proc., art. 453, et C. comm., art. 646).

Les appels des jugements rendus par les tribunaux de commerce sont portés par devant les cours dans le ressort desquelles ces tribunaux sont situés.

La célérité qu'exigent les affaires commerciales[1] nécessita certaines modifications qui furent apportées à la procédure ordinaire en matière d'appel par les art. 645, 646, 647 et 648 du Code de commerce.

Ces modifications sont relatives :

1° Aux délais dans lesquels on peut valablement interjeter appel;

2° A la signification de l'appel;

3° A l'instruction et au jugement de la cause d'appel.

I. *Des délais d'appel.*

En matière civile on doit considérer : 1° le délai pendant lequel l'appel ne peut être valablement interjeté; 2° le délai pendant lequel il doit l'être sous peine de déchéance (C. de proc., art. 449 et 450).

En matière commerciale, le premier de ces délais n'existe pas: l'appel peut être utilement interjeté le jour même du jugement, et, sous l'empire du Code de commerce, il commençait à courir, quoique ce jugement fût susceptible d'opposition (Cass., 24 juin 1816; Pardessus, V, n° 1384). Le second était le même qu'en matière civile.

Ces dispositions viennent d'être modifiées par la loi du 3 mai 1862, dont l'art. 7 fut substitué à l'art. 645 du Code de commerce :

« Le délai pour interjeter appel des jugements des tribunaux de commerce sera de deux mois, à compter du jour de la signification du jugement, pour ceux qui

[1] « *Appellationes admissibiles celerrimè expediuntur.* » Christ. Frank, *Institutiones juris cambialis*, lib. II, sect. VII, tit. XVI, 6.

auront été rendus contradictoirement, et du jour de l'expiration du délai d'opposition, pour ceux qui auront été rendus par défaut. — L'appel pourra être interjeté le jour même du jugement. »

Ce délai est augmenté en faveur de ceux qui demeurent hors de la France continentale, suivant les dispositions de l'art. 73 du Code de procédure, modifié par l'art. 1er de la loi que nous venons de citer.

Quoique l'art. 645 ne le dise pas, c'est la signification du jugement faite à personne ou à domicile qui fait courir le délai d'appel. Sur ce point, l'art. 443 du Code de procédure est applicable en matière commerciale. — Le délai d'appel peut aussi courir de la signification qui est valablement faite, conformément à l'art. 422 du Code de commerce, au greffe du tribunal de commerce, à défaut d'élection de domicile (Colmar, 4 août 1813; Metz, 27 juillet 1814; Grenoble, 9 juillet 1840)[1].

Le délai de l'appel est suspendu par la mort de la partie condamnée. Il ne reprend son cours qu'après la signification du jugement faite au domicile du défunt, avec les formalités prescrites en l'art. 61 du Code de procédure.

Dans le cas où le jugement aurait été rendu sur une pièce fausse, ou si la partie avait été condamnée faute de représenter une pièce décisive qui était retenue par son adversaire, les délais de l'appel ne courront que du jour où le faux aura été reconnu, ou la pièce recouvrée (C. de proc., art. 448).

---

[1] Merlin, *Quest. de droit*, I, p. 314; *Journal des avocats*, III, p. 307. *Contra:* Talandier, *De l'appel*, n° 213; Berriat-Saint-Prix, p. 381, note 10.

L'exécution que le condamné aurait donnée au jugement devient un obstacle à ce que l'appel soit recevable. Cependant il est certains jugements dont l'exécution n'empêche pas d'interjeter appel, et même dont l'appel ne peut être utilement interjeté avant le jugement définitif : ce sont les jugements purement *préparatoires*. Il en est autrement des jugements *interlocutoires*, ils peuvent être attaqués par voie d'appel en tout état de cause (C. de proc., art. 451).

II. *De la signification de l'appel.*

La signification de l'appel doit être faite *à personne* ou *à domicile*, à peine de nullité (C. de proc., art. 456). L'élection qui aurait été faite pour la demande principale ne suffirait pas pour cette signification, parce que son effet cesse dès l'instant que le jugement de première instance a été rendu (Cour de cass., 25 vendémiaire an XII et 28 octobre 1811). Il en est de même du domicile élu pour le paiement d'une dette. De ce que l'on pouvait y assigner pour obtenir condamnation, il ne faut pas conclure qu'on puisse y signifier un acte d'appel.

Mais le domicile élu dans un commandement sur saisie-exécution rend valable la signification de l'appel qui y serait faite; c'est une exception qu'il ne faudrait pas étendre à d'autres cas (Cour de cass., 16 juillet 1811 [1]).

III. *De l'instruction et du jugement de la cause d'appel.*

« Les appels des jugements des tribunaux de com-

[1] Pardessus, V, n° 384.

mercé seront instruits et jugés dans les cours, comme appels de jugements rendus en matière sommai.e. La procédure jusques et y compris l'arrêt définitif sera conforme à celle qui est prescrite pour les causes d'ap pel en matière civile, au livre III de la première partie du Code de procédure civile » (art. 648).

La cause est portée à l'audience sur un simple acte: aucune autre procédure n'est admise en taxe (C. de proc., art. 463; C. de cass., 9 février 1813 et 14 janvier 1828).

Devant la cour, les débats conservent la physionomie qu'ils avaient devant les premiers juges. On peut y reproduire les moyens qui avaient été présentés et repoussés, ou y combattre ceux qui ont été admis. Quant aux exceptions, il en est un grand nombre qu'on n'est plus admis à faire valoir quand on a défendu au fond: celles d'incompétence à raison de la matière et celles de prescription sont les seules qu'on puisse opposer en appel.

Les cours impériales ne pourront en aucun cas, à peine de nullité, et même de dommages et intérêts des parties, s'il y a lieu, ni suspendre l'exécution du jugement de première instance, lorsqu'il a été déclaré exécutoire par provision, ni prononcer cette exécution, qui n'aurait pas été ordonnée par le tribunal.

Mais elles pourront, suivant l'exigence des cas, accorder la permission de citer extraordinairement à jour et à heure fixes, pour plaider sur appel (art. 647).

Si la cour infirme le jugement du tribunal de commerce, elle peut, dans le cas où la cause est en état de recevoir une solution définitive, statuer en même temps, par un seul et même jugement, sur l'appel dont elle est saisie, et sur le fond (C. de proc., art. 473). Ce *droit d'évocation* lui appartient lorsqu'elle infirme pour quelque cause que ce soit, par exemple *pour cause d'incompétence* (Rejet des 14 décembre 1825 et 26 décembre 1827; Pardessus, liv. V, p. 113; Rodière, liv. II, p. 372; Bonnier, p. 144).

Vu par le professeur soussigné,
président de l'acte public.
Strasbourg, le 18 mars 1863.
HEPP.

Permis d'imprimer.
Strasbourg, le 19 mars 1863.
Le Recteur,
DELCASSO.

www.ingramcontent.com/pod-product-compliance
Lightning Source LLC
LaVergne TN
LVHW010400060726